LA REVUE DES LETTRES MODERNES

COMITÉ DE DIRECTION

Série *Cahiers Champollion*
dirigée par Marianne Lederer

1

L'Interprète dans les conférences internationales

Réimpression de l'édition de Paris, 1968.

L'Interprète dans les conférences internationales

Problèmes de langage et de communication

Par Danica Seleskovitch

Avant-propos de Maurice Gravier

Introduction de Constantin Andronikof

PARIS
LETTRES MODERNES MINARD
2015

Danica Seleskovitch (1921-2001) a joué un rôle décisif dans l'apparition de la traductologie. Elle a publié plusieurs ouvrages sur le processus de la traduction et son enseignement, a dirigé l'École supérieure d'interprètes et de traducteurs de l'université Sorbonne nouvelle – Paris 3 de 1980 à 1989, et a fondé la théorie interprétative de la traduction. Ses ouvrages sont traduits en plusieurs langues.

ISBN 978-2-8124-4607-8 (livre broché)

L'interprète de conférence joue un rôle important dans la vie internationale. Les jeunes gens qui feuillettent les illustrés ou qui suivent les programmes d'actualité à la télévision voient la place qu'occupe l'interprète installé entre deux chefs d'Etat. On devine facilement pourquoi il occupe cette place : il aide les deux « Grands » à franchir la barrière linguistique, donc à se mieux comprendre, à dissiper leurs méfiances, peut-être à s'accorder. Les interprètes sont donc assez souvent mêlés à des conversations capitales d'où peuvent sortir, pour l'humanité, la paix ou bien le conflit, le bonheur ou la ruine, la pauvreté ou l'abondance justement distribuée. Et beaucoup de jeunes s'identifient en rêve avec ce personnage discret et savant qui crée de précieux contacts entre les grands de ce monde.

C'est pourquoi les étudiants affluent vers les écoles d'interprètes. Mais tous ceux qui le souhaitent pourront-ils devenir des interprètes ? Quelles qualités sont requises de ces interprètes qui doivent passer avec la vitesse de l'éclair non seulement d'une langue à l'autre mais encore d'un univers mental à l'autre et aussi d'un congrès ou d'un colloque à l'autre, c'est-à-dire d'une sphère de la connaissance ou de l'activité humaine à l'autre, de l'économie à la physique, de la haute politique à l'industrie textile ou au commerce des cuirs et peaux ? Bien peu de gens sans doute se posent la question. Bien peu en tout cas la posent correctement, si j'en juge par les questions que l'on me pose parfois ou que l'on adresse au secrétariat de notre Ecole d'Interprètes. Elles prouvent que le grand public se forme une idée bien vague et bien fausse de ce phénomène complexe qu'est l'interprétation.

Hier encore le téléphone sonnait dans mon bureau. Je décroche et une voix innocente me demande : « Enseigne-t-on le portugais dans votre école ? », je réponds : « Pardonnez-moi, Monsieur, vous faites erreur, une école d'interprètes n'est pas une école de langues. Ce qu'on y enseigne, c'est la technique de l'interprétation. Et seuls peuvent être initiés à cette méthode les sujets qui parlent parfaitement deux langues étrangères et, bien entendu, savent s'exprimer avec élégance et précision dans leur langue maternelle. Il faut encore exiger de ces aspirants-interprètes une grande souplesse, une grande célérité dans les réactions psychologiques. Et encore beaucoup de curiosité d'esprit, le don de s'intéresser à tous les domaines de l'activité humaine. Et enfin des nerfs bien accrochés : l'interprétation exige une grande maîtrise de soi, une attention capable de se soutenir longtemps et de rester aiguë à tous les instants... ».

L'interlocuteur invisible n'insiste pas. Je raccroche le combiné. Et l'heure est venue d'accompagner un visiteur étranger (en tout cas étranger à nos activités) à qui je dois faire visiter l'école et, comme il se doit, expliquer comment on doit former des interprètes. Je lui montre les salles d'interprétation avec les cabines et leur installation téléphonique. Mais je lui parle aussi de l'interprétation consécutive — la forme la plus noble peut-être de l'interprétation —, je lui définis l'activité de l'interprète qui, le discours de l'orateur anglais une fois achevé, sans recourir à aucun instrument, restitue en français l'allocution anglaise, la reconstruit, retrouvant non seulement l'articulation logique, mais aussi le ton, le vêtement verbal qui donne de l'éclat aux idées. Le bon interprète est nécessairement aussi un orateur qui réussit à émouvoir et, le cas échéant, à convaincre.

Visité par l'inspiration, mon interlocuteur me dit : « Monsieur, j'ai une idée, on devrait enseigner la sténographie dans votre école ! »

Mais non, cher visiteur, on n'a que faire de la sténographie dans une école d'interprètes. L'interprète n'enfile pas les mots. Il n'a pas le temps de dessiner pierre à pierre sa petite mosaïque. Sa technique ne ressemble guère à celle du traducteur. Il démonte rapidement le discours de l'orateur et il le reconstruit avec brio, selon son génie propre, surtout selon le génie de la langue vers laquelle il interprète.

Comment réussit-il ce tour de force ? Je n'entreprendrai pas de vous l'expliquer. Mais Danica Seleskovitch le fera brillamment pour vous. Elle est parfaitement compétente, car elle pratique ce difficile métier avec un très grand succès depuis de nombreuses années ; elle a contribué à la constitution de l'Association Internationale des Interprètes de Conférence. Elle en fut longtemps le secrétaire-exécutif. Mais c'est aussi un pédagogue né. Ses analyses intéresseront bien sûr les psychologues et les orientateurs. Mais nous souhaitons aussi que beaucoup de jeunes étudiants lisent ce livre clair et solide et s'interrogent, une fois la lecture achevée. Il n'est sans doute pas besoin de former un très grand nombre d'interprètes. Mais il faut découvrir les garçons et les filles qui sont réellement capables d'exercer cette profession si difficile, si noble et socialement si importante. L'ouvrage de Danica Seleskovitch dissipera chez quelques-uns des illusions qui eussent été dangereuses. Il suscitera aussi, j'en suis sûr, nombre de vocations authentiques et durables.

Maurice GRAVIER

INTRODUCTION

par

C. ANDRONIKOF

« Comment peut-on être interprète ? » Cette question, qui rappelle une interrogation fameuse du XVIIIe siècle, est souvent posée de nos jours à celui qui a fini par répondre à cette appellation, mais qui commence seulement de réfléchir à la question elle-même. Il n'y a guère, on le connaissait sous le nom de dragoman ou de drogman que, sans doute par l'intermédiaire du grec, on était allé chercher chez les Turcs (turdjuman). « *Drugement somes d'Aufrique et d'outre mer* » lit-on dans la geste de la Prise d'Orange (XIIe siècle). D'où aussi le *trucheman*, que Molière orthographie déjà *truchement*, par une confusion naturelle avec le suffixe *ment* ; mais il l'appelle *interprète* quelques lignes plus loin : « *nous ne saurions rien dire sans vous* », dans la scène fameuse du *Bourgeois gentilhomme*. Depuis, du terme exotique et du latin, c'est ce dernier qui a fini par prévaloir. « *Interprète est d'un style plus noble* », note Napoléon Landais sous le Second Empire.

Il est vrai que Cicéron emploie plus souvent *interpretes* pour désigner celui qui explique que celui qui traduit. Mais César, assez turc à cet égard, ne lui donne plus jamais que son sens moderne de truchement.

Puisque nous en sommes au latin, qu'il me soit permis de critiquer un terme français qui risque de faire fortune alors qu'il est malheureux : interprétariat. Si *notarius* ou *vicarius* sont là pour justifier notariat ou vicariat, avec quel radical formerait-on *interprétariat* ? Voudrait-on disposer d'un terme qui définît la fonction, le métier, pour les distinguer de l'action d'interpréter, de l'interprétation, en cédant à la manie technolâtrique de l'« objectivation » ou du style administratif, qui consiste à user de substantifs pour toute chose ? L'on devrait alors recourir au doublet *interpretamentum* (avec *interpretatio*) ; mais il est vrai que ce mot est utilisé par Pétrone, ce qui ne serait peut-être pas d'une paternité assez vénérable ; ou encore, franciser *interpretator* que l'on trouve chez des auteurs chrétiens, comme Tertullien et Salvien (mais leur langue sera peut-être jugée décadente pour y modeler le français contemporain). Cependant, le bon Landais, dans son *Dictionnaire des dictionnaires*, indique *interprétateur*, avec le féminin *interprétatrice*, tout en avouant que « *ces deux mots manquent dans* l'Académie ». Que diraient les puristes si l'on remplaçait le barbare interprétariat par les formes plus régulières mais aussi plus humoristiques : *interprétement* et *interprétatorat* ? Pour l'instant, les gens du cru préfèrent s'en tenir à interprétation (comme les traducteurs, à traduction ; ou les ingénieurs, à génie).

Ce n'est pourtant pas pour chercher une querelle linguistique ni même pour plaisanter sur le sujet que Danica Seleskovitch, praticienne magistrale, aussi exigeante envers elle-même qu'envers la profession, mais amie sûre (ne serait-ce que durant les années d'une collaboration quasi quotidienne au sein de l'Association Internationale des Interprètes de Conférence tout au long de sa formation), m'a confié l'honneur et la charge d'introduire cet essai, le premier en France et le second au monde, me semble-t-il, sur l'interprétation. A étudier celle-ci et son exercice, l'on est frappé par l'aspect paradoxal de ses caractères et l'on constate qu'elle pose nombre de problèmes philosophiques qui ont trait à sa nature et de problèmes psychologiques et physiologiques qui ont trait à l'interprète.

Qu'il me soit permis d'en suggérer quelques-uns, anticipant sur certains développements de l'auteur. N'est-il pas opportun d'entreprendre enfin de pareilles recherches car, si interpréter est parmi les métiers les plus nouveaux, puisqu'il ne s'est défini et n'a pris que dans la deuxième moitié du XXe siècle l'ampleur croissante que l'on sait (avec son organisation professionnelle au sein de son Association Internationale, AIIC), il est aussi l'un des plus vieux du monde, puisque le besoin s'en est fait sentir peu après le Déluge, ainsi que Danica Seleskovitch le rappelle.

L'hypothèse de bon sens (évolutive ou non, peu importe ici) sur « *l'origine des peuples qui se sont répandus sur la terre après le déluge* » (Gen x, 32), ainsi que la linguistique comparée, indiquent en effet avec plus d'insistance et de vérisimilitude que ne le font d'autres théories qu'une communauté, voire une unité d'expression, existaient entre les hommes au commencement de leur histoire. « *Toute la terre n'avait qu'une langue avec les mêmes mots* », rapporte la Genèse (XI, 1). Comment se fait-il que cette heureuse situation n'eût pas duré ? Les hommes désiraient pourtant rester comme « *un seul peuple avec une même langue pour tous* » (XI, 6). L'on dispute toujours sur la cause de cet échec historique de l'humanité post-diluvienne.

Le fait est que les descendants de Japhet, ceux de Cham et ceux de Sem se partagent les « *territoires* » « *d'après leur langue* » ou « *par langues* », « *avec leurs pays et leurs nations* », ainsi que la Genèse l'enregistre dès le chapitre qui précède le récit de la confusion linguistique (X, 5, 20, 31 ; cf. 32).

Peu nous importe ici de savoir si c'est l'hypothèse ethnique ou la linguistique qui est la première, ou si Babel est dérivé de l'hébreu *balal*, confondre, ou du babylonien *bab-il*, porte de Dieu. Une conséquence reste indubitable, et capitale pour nous : à partir du moment où les hommes de nations et de langues différentes vinrent à se rencontrer sans se comprendre immédiatement, en risquant de recevoir un serpent quand ils demandaient un poisson ou une pierre au lieu de pain (cf. Luc, XI, 11), il leur fallut trouver un intermédiaire pour communiquer ; et un intermédiaire oral, sans doute, avant que n'apparût aussi le besoin de l'écrit. La palabre a dû précéder la diplomatie.

Dès les origines donc, l'interprète, devançant le traducteur, accompagne les marchands et les armées, en pénétrant les frontières, quand il n'est pas recruté sur place. Sa fonction est civile, elle est militaire ; à la limite, elle a aussi été divine ou divinatoire, quand il a transmis le message des immortels ou le langage des morts. Nous ne le rappelons que pour mémoire, puisque sa mission était alors plus herméneutique que linguistique, selon une tradition qui remontait aussi à cette région aujourd'hui fabuleuse de Chinear où s'était élevée, puis effondrée, la tour de Babel.

Le propos n'est certes pas ici d'esquisser une histoire de l'interprétation ni, en évoquant ces aspects sacrés, de suggérer que celle-ci tient, par définition ou analogie, de la mancie. C'est pour dire, s'il en était besoin, que l'interprétation, tout comme la traduction (ne parle-t-on pas souvent de professions sœurs ?), dépasse le domaine propre de la langue et intéresse celui, beaucoup plus vaste, de la parole (selon la distinction classique depuis de Saussure) : celui de la communication, celui de la pensée ; et qu'elle ouvre donc sur les campagnes immenses du *Logos*.

Interpréter, c'est d'abord savoir ce qu'a dit autrui, pour s'en faire comprendre quand il ne vous entend pas, que cet autrui soit le « tout Autre » de la religion ou le *barbare* (en anglais, *alien* ; en russe, *némets*...).

Après que le message communiqué par le « locuteur » a été perçu et compris par l'interprète, celui-ci passe à la phase suivante de son travail : elle consiste à réduire l'information en facteurs nécessaires et suffisants et à la rattacher à la connaissance inhérente (à vrai dire, ce dernier aspect et celui de la compréhension chevauchent) ; puis commence l'opération par laquelle le message analysé est *informé* dans l'autre langue ; enfin, l'interprète le communique à l'auditeur de celle-ci comme s'il s'exprimait lui-même. On voit que la phase traduction, au sens strict, c'est-à-dire transposition littérale des mots ou des expressions d'une langue dans une autre, n'intervient qu'en troisième position dans le processus, dont la définition la plus complète et la plus simple me semble être : dire dans une langue ce qui a été dit dans une autre. C'est la logique du plan suivi par la thèse qu'on va lire.

Laissons de côté l'aspect proprement culturel de l'interprétation : il n'est pas spécifique de celle-ci. En effet, il est clair que son rôle dans la culture tient non pas à ses caractéristiques singulières, mais à sa fonction communicative qu'elle partage avec la traduction, encore que d'une façon inégale, à savoir bien moindre : à cet égard, l'importance et la portée de la traduction ont été et restent infiniment plus grandes. Y a-t-il un nom ou une œuvre d'interprète que l'on puisse comparer à ceux des Septante, de saint Jérôme, qui ont donné la Bible à l'hellénisme, à la latinité ; d'Origène, qui a fondé avec les *Hexaples* la critique textuelle; de Thomas d'Aquin, qui a révélé le *Corpus Areopagiticum*, entre autres, à l'Occident ; d'Oresme, qui a mis Aristote en français ; de Luther, créateur d'une foi, d'une nation et d'un monde ; d'Amyot, dont le *Plutarque* fournit un « bréviaire » à la génération de Montaigne, fait songer Rousseau, exalte Bonaparte ; ou même, *mutatis mutandis*, et toute proportion gardée, de Baudelaire, de Balmont, qui révèlent une poétique, une culture ; voire de Lafcadio Hearn qui n'est pas étranger à l'invention de la japonaiserie en Angleterre ? Sans eux, certes, notre culture n'aurait pas été la même ; ni celle de la Chine depuis 1 800 ans sans les traductions des livres bouddhiques, ni celle de la Russie et de tout le monde slave depuis plus d'un millénaire sans les saints Cyrille et Méthode...

Non, il est naturel qu'aucun nom d'interprète ne marque dans l'histoire, puisque par nature il ne fait que parler et que sa matière première comme son produit fini sont oraux, donc évanescents, « *the pure flux of Heraclitus* » ainsi que disait R.A. Wilson de la parole (dans *The Miraculous birth of language* dont le titre dément heureusement la thèse déterministe) et comme le fait ressortir D. Seleskovitch.

Néanmoins, si l'interprétation en tant que telle, qu'acte pur (au sens non pas tant kantien que phénoménologique, si l'on peut forcer quelque peu l'acception), n'est pas génératrice de culture durable, monumentale, elle ne laisse pas de poser quantité de problèmes au philosophe, au psychologue, au cybernéticien, au médecin (en neuro-physiologie comme en psychiatrie, éventuellement), problèmes dont l'étude, disions-nous, n'a pas encore été entreprise, non plus que les linguistes n'ont examiné le phénomène de l'interprétation, concomitant ici avec celui de la traduction, notamment par rapport aux équivalences grammaticales, aux champs sémantiques, à l'homonymie et à la polysémie ressenties simultanément par un même sujet en plusieurs langues, à la synchronie ou à la diachronie, que sais-je encore, pour commencer à fonder une réponse à la question essentielle par laquelle nous avons commencé ces lignes et que les interprètes s'entendent si souvent poser (quand leur travail a été apparemment réussi).

Il serait toutefois intéressant de savoir ce qu'en penseraient, s'ils y avaient travaillé, un Parain sous l'angle des fonctions du langage ; ou un Martinet sous celui de la phonologie diachronique ; ou un Jakobson, un Pottier ou un Greimas, un Apresjan ou un Revzin, parmi les partisans de l'analyse structuraliste et les chercheurs de la traduction automatique ; un Weinreich, avec ses études sur la sémantique et les universaux ; un Reichenbach ou un Osgood et leur équipe, avec leurs travaux sur la mesure du sens et la logique symbolique ; en les rattachant à l'algèbre de la logique de Boole et aux travaux de Carnap, de Cantor et de l'école de Vienne (sans parler de la théorie, il serait peut-être fructueux pour la méthode de l'interprétation *in actu,* du moins en consécutive, qu'elle utilisât certains éléments de la logistique). Enfin, il ne serait pas indifférent d'étendre au problème qui nous occupe et dont les « carrefours » philosophiques et logiques autant que linguistiques sont indéniablement nombreux, des théories comme celle d'un Katz (avec Fodor et Postal) sur la structure d'une langue et sur la production de la parole, c'est-à-dire sur la compréhension sémantique, formée du sens, du vocabulaire ou répertoire des unités lexicales, d'une part ; et des « règles de projection », de l'autre, qui permettent d'utiliser l'information que ces unités ont à transmettre.

Nous disposerions alors de données que les linguistes tiendraient pour scientifiques et qui nous permettraient d'organiser théoriquement les processus complexes de l'interprétation et de mettre progressivement de l'ordre dans la problématique à laquelle il a été fait allusion, que nous ne pouvons encore déterminer avec précision et que cet ouvrage contribue à décrire.

Ces processus, tant cérébraux qu'émotionnels, sont en effet aussi curieux par eux-mêmes que restent pour l'instant obscurs les problèmes qu'ils posent aux diverses disciplines relatives à l'activité psychosomatique et intellectuelle. Les interprètes, qui s'y heurtent quotidiennement, les ont résolus empiriquement : ils en ont conscience sans en avoir une connaissance systématique, au niveau de l'état actuel du savoir. Je n'en indiquerai qu'un ou deux exemples pour fixer les idées.

En linguistique, si l'on pose que le *« langage est activité,* energeia, *et non pas acte fini,* ergon », selon la féconde définition de Humboldt, il est clair que l'interprète, pragmatiquement, donne raison aux linguistes théoriques *réalistes* (au sens structural, c'est-à-dire opposé à formaliste et non pas à idéaliste), qui postulent pour le phonème (ou pour le mot) une valeur psychique et aussi neuro-physiologique ; et ensemble, il donne raison à certaines recherches des formalistes (notamment l'école soviétique moderne, libérée de Marr), pour lesquels une unité linguistique représente un faisceau de relations, un « réseau ».

Cependant, l'interprète ne peut pas se contenter, comme ils le font, de n'y voir que cela, car il lui faut tenir compte, outre de la fonction propre du mot pour le locuteur, de sa fonction idiomatique et symbolique pour lui-même, l'interprète, lors de la communication de celui-là à celui-ci. Puis les mêmes complexes (ou très rapprochés) interviendront lors de la communication de l'interprète à son auditeur. Et quand nous parlons de fonction, nous entendons naturellement tous les sens que Troubetzkoy, par exemple, lui attribue en phonologie (précisés par Martinet ; voir en particulier le chapitre : « Fonction et prosodie » dans *Economie des changements phonétiques*, pp. 39-62 et 153-172 [Berne, Francke, 1955]), auxquels il faut ajouter des aspects émotionnels (esthétiques), prosodiques (poétiques), psychiques, qui tiennent à la culture (notamment aux sens de Toynbee et de Sapir) et aussi à l'état donné des trois personnes en cause : orateur, interprète, auditeur (dispos, fatigué, alerte, lassé, contrarié, etc.). Le même Humboldt ne notait-il pas que « *dans la langue, et même dans les dialectes, des changements insignifiants de voyelles... peuvent dépendre de l'état d'âme du peuple,* Gemüthsbeschaffenheit » (dans son *Ueber die Verschiedenheit des menschlichen Sprachbaues...*).

Une conclusion à laquelle ces considérations nous amènent sans conteste est celle-ci, en citant D. Seleskovitch : « *supposer que l'on puisse passer d'une langue à l'autre par une simple transposition de mots* [...] *serait attribuer aux langues une existence objective.* » Avec leur champ sémantique et les harmoniques qu'ils provoquent dans le mental et dans le cœur (ou le foie), les mots ne sont pas des objets interchangeables du génie d'une langue à celui d'une autre.

Ainsi l'expérience de l'interprète rejoint toute la problématique des rapports entre le langage et la pensée. Elle coïncide dans ce domaine avec celle du traducteur. Et voici la réflexion d'un philosophe :

« [...] *une transposition des phrases pas à pas et forme pour forme, une telle traduction littérale serait non seulement monstrueuse, voire impossible, mais encore tout à fait imprécise et incorrecte, car si* duo dicunt idem, non est idem *; cette expression s'applique exactement au cas du langage. Il est évident que dans le processus de la traduction, la pensée se dépouille d'un mot pour en revêtir un autre, elle se réincarne ; encore qu'à aucun moment (malgré Schopenhauer) elle ne reste nue. L'ontogenèse lexicale et grammaticale de la pensée se répète dans l'esprit du traducteur, ontogenèse au cours de laquelle naissent à nouveau les équivalences de tous les moyens linguistiques qui sont donnés dans l'original. Cette unité de contenu, cette indépendance de la pensée par rapport à la diversité des formes,* le problème de la traduction (*celle-ci est-elle possible ? et comment est-elle possible ?*)*, présentent un objet de réflexion que n'ont pas remarqué les linguistes.* » (S. BOULGAKOF, *La Philosophie du nom,* Paris, YMCA Press, 1953).

Et voici un exemple précis : ainsi que D. Seleskovitch l'expose clairement, pour qu'une interprétation satisfaisante puisse s'effectuer, il faut que « *le rythme de conceptualisation* » de l'orateur et celui de l'interprète soient accordés. Or, celui-ci constate en simultanée, c'est-à-dire quand il parle en même temps que l'orateur par l'intermédiaire de microphones et d'écouteurs et qu'il provoque en lui-même ce dédoublement de la perception, du jugement, de la mémoire, de l'expression... (ce n'est pas un état schizophrénique, puisqu'il est délibéré et contrôlé ; voilà un autre thème d'étude), l'interprète constate qu'un texte lu, surtout d'une façon monotone, devient intraduisible oralement à partir d'une certaine vitesse de lecture.

La finesse de l'instrumentation en laboratoire et l'élargissement du champ de la recherche physiologique nous indiquent une cause de ce phénomène au plan des processus mentaux. Louis Armand l'avait exposé un jour devant une assemblée d'interprètes : la voix d'un orateur étant enregistrée sous forme de courbe, une analyse de l'allure de celle-ci permet de déterminer si cet orateur lit un texte, s'il récite par cœur ou s'il improvise. En effet, et sans entrer dans le détail des localisations cérébrales, l'on peut dire en gros que la réflexion, qui préside à la pensée et à l'expression de celle-ci, relève de l'activité du cortex, tandis que l'acte de la récitation en exige moins, celui de la lecture moins encore, en intéressant plutôt le bulbe (d'où l'expression « parler du bulbe » pour « parler sans réfléchir »; elle a fait fortune spécialement chez les interprètes qui l'appliquent aussi bien à leurs collègues qu'aux délégués). Autrement dit, quand un orateur lit un texte préparé à l'avance, il ne pense pas ou ne pense guère qu'avec une très faible énergie (activité) nécessitée par le travail d'une partie minime de son cerveau, laquelle ne correspond pas à celle qui permet l'activité de l'interprète. Celui-ci ne dispose plus de repères logiques qui lui fassent appréhender le discours, car le débit et la formulation de l'orateur n'excitent pas plus son cortex que celui de cet orateur. Quand celui-ci parle à mesure qu'il pense, ses circuits cérébraux sont analogues à ceux de l'interprète, parce que leurs processus mentaux le sont (sauf pour ce qui est de l'invention, de la fonction idéique, originale chez l'orateur et absente chez l'interprète). Il n'en va plus de même quand l'orateur lit ou récite par cœur : la plupart de ses facultés étant en sommeil, tels de ses circuits, voire la plupart, sont inactivés. Les facultés de l'interprète sont court-circuitées. Il ne pourra que traduire des mots qui se succèdent mécaniquement. Il sera contraint par la structure grammaticale de l'original, il ne parviendra que de loin en loin à retrouver, puis à reformuler le sens. Il s'y efforcera en tendant au maximum son énergie, il fournira un effort disproportionné avec l'effet et, au-delà d'un certain seuil, fonction de son équation personnelle, risquant de tourner fou comme un volant débrayé, il devra s'épuiser pour ne pas sombrer dans le galimatias ou il devra se taire, par une décision que lui dicte sa probité professionnelle.

Cela semble bien confirmer la théorie selon laquelle toute pensée est ensemble formée et formative, ou informée et informative ; et inversement, comme le dit l'auteur de cet essai : « *Toute parole est en même temps expression de la pensée et génératrice de pensées.* » Et si l'interprétation n'est possible que dans la mesure où l'interprète comprend la parole, il faut que celle-ci soit le résultat délibéré du processus mental correspondant à celui de sa formulation originale et, nous l'avons vu, à celui du travail de l'interprète, c'est-à-dire que ce processus ait lieu au moment où cette parole est proférée, et non pas à un stade antérieur, celle-ci étant rédigée au préalable, puis récitée ou lue mécaniquement.

Nous pouvons aussi en déduire une conclusion théorique qui a trait à la traduction automatique :

pour que celle-ci soit satisfaisante, c'est-à-dire précise et fidèle de telle sorte que le lecteur ait la même intelligence du texte traduit que celle que l'on a de l'original, il est nécessaire que les circuits électroniques de la machine à traduire ressemblent de très près à ceux qui ont servi à établir le texte à traduire ; ou, inversement, que le système d'expression soit presque identique au système de traduction. Cela signifie qu'une machine ne peut exactement traduire que ce qui est « pensé » et rédigé par une machine semblable. Il apparaît donc théoriquement que la machine ne peut pas résoudre le problème général de la traduction dans le monde ni, *a fortiori*, celui de l'interprétation, la délibération étant la raison d'être des conférences et l'homme qui y prend part étant par hypothèse étranger à une programmation rigoureuse. Ou alors, il faudrait appliquer de bout en bout la cybernétique, remplacer les délégués tout comme les interprètes par des machines, programmées exactement pour toute éventualité ; mais dans ce cas, l'ensemble de la réflexion et du dialogue devant être préalablement déterminé et fixé dans les « mémoires » des ordinateurs, compte tenu des paramètres optimum, la conférence elle-même, c'est-à-dire la délibération, deviendrait inutile. Nous avons changé de sujet.

Pour y revenir par le biais de l'association parole —pensée, thématique fondamentale de l'interprétation et qui rejoint le domaine du *Logos* général et essentiel à l'homme, *sapiens et loquens*, la seule critique que je me permettrais de formuler à l'encontre de D. Seleskovitch porte sur son affirmation sans nuance qu'initialement, dans l'esprit de celui qui pense, « *avant d'être formulée la pensée est non verbale* ». Et, poursuit-elle : « *une fois développés et précisés par la parole, les concepts retrouvent, dans l'esprit individuel, une forme "a-lingue"* ». Y aurait-il là une confusion entre langue, structure lexicale et grammaticale d'une forme donnée (le français, le hindi, le chinois...), et parole, incarnation du *Logos* ? La pensée, en ce sens, peut être « a-lingue », au stade du mot seul ou plutôt du « sème » ; elle ne peut jamais être non verbale, *a-logique*. Il y a certes lieu de dissocier *Verbum ratio* et *Verbum oratio* pour les besoins de l'analyse philosophique *abstraite*, mais il reste que nous *ne pouvons concevoir* ni l'un ni l'autre en dehors du *Verbum* qui en constitue l'ontologie. Après avoir démontré qu'il « *n'existe pas plus de pensées sans mots que de mots sans sens* », S. Boulgakof, « *parodiant Locke et les sensualistes* », affirme : « nihil est in intellectu quod non fuerit in verbo ; *et inversement :* nihil est in verbo quod non potest esse in intellectu. *En effet, l'opposition même ou la distinction* verbum et intellectus *ne peuvent être effectuées que par abstraction, puisque la force du mot, la parole, est la force de la pensée* » (*op. cit.*).

Enfin, au niveau de la réalité du langage, le linguiste Max Müller constate : « *Both philosophy and philology had established the fact that language is thought and thought is language* » (*Science of language*).

Je sais bien que dans certains passages où elle traite de la compréhension comme d'un souvenir et de la connaissance comme d'une reconnaissance, D. Seleskovitch nous laisserait croire qu'elle cherche pour son raisonnement des analogies chez Platon ou même chez Soloviev et qu'elle suppute un monde d'idées ou, comme elle dit, de concepts abstraits, non formés, que l'orateur trouve en lui-même avant de les exprimer dans son discours et que l'interprète analyse dans celui-ci pour les désincarner aussitôt avant de les reformuler dans l'autre langue. Une telle pensée, une telle abstraction interviennent-elles réellement ?

Par manque de place et pour rester strictement dans le sujet qui nous occupe ici : le travail de l'interprète, nous devons laisser de côté l'intuition (qui joue pourtant dans une certaine mesure, surtout en simultanée, mais que nous ne saurions saisir ni décrire ici) et la contemplation (qui, faute de temps et pour d'autres raisons évidentes, ne joue point). N'ayant donc en vue que la pensée réfléchie et partant du principe que « *privés de la parole, nous serions privés de la philosophie* » (Sophiste, 260 B), posons avec Platon encore que « *la pensée* [le raisonnement, *dianoia*] *et la parole* [*logos*] *sont la même chose ; et le débat* [*dialogos*] *de l'âme au sein d'elle-même, nous l'appelons pensée* » (*ibid.*, 263 E). Et, citant de nouveau Humboldt « *le résultat de cette tendance* [de la pensée vers le monde objectif] *est la parole, qui, par l'ouïe, revient au sujet. Cela n'est possible qu'au moyen de la langue, et sans ce passage à la subjectivité et ce retour au sujet, qui se produisent même lorsque l'on pense sans parler, la formulation des concepts est impossible ; aussi, par là même, la pensée devient-elle impossible.* » (*Sur la différence de structure des langues humaines et son influence sur le développement intellectuel de l'humanité.*)

A aucun moment du processus interprétatif, nous semble-t-il, la parole (et non pas nécessairement la langue) n'est séparable de l'activité intellectuelle. Je n'en veux pour dernière preuve que ce que D. Seleskovitch dit elle-même si bien de la compréhension, base *sine qua non* de l'interprétation. Il est évident que celle-ci procède de la réflexion (je mets encore une fois de côté l'intuition, d'abord parce que sa manifestation est aléatoire et non pas systématique ; ensuite, parce que la condition de celle-ci est plutôt le silence qu'une conférence battant son plein). Or, la réflexion empruntera naturellement et véhiculera le langage, qu'on l'entende comme le fait, par exemple, Locke (*An Essay concerning humane understanding*, II, 1, 4) : « *That notice which the mind takes of its operations and the manner of them* » ; en y ajoutant la définition de Kant (*Critique de la raison pure*, A 261) : « *La conscience du rapport de certaines représentations données* [*Vorstellungen*] *à nos différentes sources de connaissance* [*Erkenntnissquellen*] » ; et en la complétant par celle de Maine de Biran (*Fondements de la psychologie*, II, 225) : « *Cette faculté par laquelle l'esprit aperçoit* [dans un groupe de sensations ou de perceptions mentales, tel un discours] *les rapports communs de tous les éléments à une unité fondamentale* » ; et n'oublions pas que selon de Biran cette faculté exige pour se produire l'action combinée de la voix et de l'ouïe.

Dans cette description hâtive de ce que pourrait être la problématique de l'interprétation, je m'aperçois d'une lacune au moins : toute la fonction complexe de la mémoire n'y a même pas été signalée. Or, n'attribue-t-on pas souvent aux interprètes une mémoire extraordinaire ? Mettons cette omission sur le compte de l'amnésie que certains d'entre eux acquièrent à force de trop interpréter. D'ailleurs, l'auteur de l'essai qu'on va lire évoque ce thème.

Au demeurant, j'ose espérer que ces quelques notes tendent suffisamment à démontrer que des recherches dans ces divers domaines et carrefours de la philosophie, de la neuro-physiologie et de la linguistique, avec l'interprète comme cobaye et ensemble comme expérimentateur, ne sont pas dénuées d'intérêt pour le savoir humain.

L'INTERPRETE

par

Danica SELESKOVITCH

A Marie-France Skuncke qui, la première, m'apprit à interpréter.

GÉNÉRALITÉS

« Menschen haben Augen zum Lesen und nicht zum Sehen. »

BRECHT, *Galilei.*

Il n'existe à notre époque presque plus de barrière à la communication. Les avions qui relient les grandes villes du monde en quelques heures nous ont amenés à ne plus compter les distances en kilomètres mais en heures de vol ; la radio et la télévision font pénétrer les informations et les idées dans les foyers les plus reculés ; des civilisations qui s'étaient ignorées pendant des siècles se trouvent en contact quotidien et voient ainsi tomber une à une les frontières qui les séparaient ; les inventions techniques sont appliquées simultanément dans toutes les régions du globe ; partout la vie se développe selon des modes de plus en plus semblables.

Si la science et la technique ont ainsi abattu la presque totalité des barrières qui séparaient les hommes, il en reste néanmoins une qui subsiste presque intacte, et qui constitue un obstacle encore difficile à franchir pour les hommes que tout rapproche par ailleurs. C'est la barrière des langues, la malédiction originelle, la Tour de Babel biblique.

Expression des civilisations qu'elle contribue à créer, la langue a jusqu'à présent été rebelle au traitement par la machine. Malgré les énormes moyens mis en œuvre depuis la dernière guerre, la machine à traduire n'est pas encore au point. Un rapport du National Research Council des Etats-Unis publié en novembre 1966, fait le point des dix années de recherches et des 19 millions de dollars dépensés dans ce domaine par les seules autorités gouvernementales américaines ; il en ressort que le traducteur humain a une supériorité sur la machine qui se chiffre à 21 % pour la vitesse et la clarté, à 10 % pour la précision ; il est, soit dit en passant, également nettement moins cher. Quelle que soit la valeur qu'il faille attacher à ces chiffres, ils sont suffisamment éloquents pour être retenus.

Traducteurs et interprètes ont donc encore de nombreuses années à travailler dans un domaine où la machine est encore impuissante. Ces deux professions sœurs poursuivent le même objet, relèvent du même principe d'action, s'inspirent ou peuvent s'inspirer de la même théorie ; mais si les deux termes de traducteurs et d'interprètes sont souvent confondus, ceux-ci exercent néanmoins deux métiers assez différents et avant d'aborder l'objet de notre ouvrage, il est sans doute utile que nous voyions en quoi l'interprétation se sépare de la traduction : la traduction va d'un texte écrit à un texte écrit, l'interprétation, elle, va d'un message parlé à un message parlé. Cette différence est cruciale. En traduction la pensée qu'on étudie, analyse, et reconstitue dans l'autre langue se présente dans une formulation arrêtée définitivement : le texte. Bon ou mauvais ce texte est figé, immuable dans sa forme, permanent dans le temps. Quant à la traduction, figée elle aussi par un texte, elle s'adresse comme l'original à un public que le traducteur ignore. Tout autre est l'interprétation de conférence : en présence des interlocuteurs, traitant des messages dont les mots évanescents n'ont guère d'importance formelle alors que leur valeur sémantique est capitale, l'interprète de conférence participe au dialogue, la vitesse à laquelle il opère est trente fois environ supérieure à celle du traducteur et sa parole vise l'auditeur auquel il s'adresse directement et dont il cherche à provoquer la réaction.

L'interprétation, plus limitée dans ses objectifs, plus instantanée que la traduction, est tout aussi ancienne. Depuis qu'il y a des hommes et qu'ils parlent, ils ont recours à des intermédiaires pour communiquer d'une langue à l'autre. On peut dire que l'interprétation a toujours existé. Cependant dans un passé très récent, le champ de la connaissance humaine s'est élargi au point de dépasser dans tous les domaines les frontières nationales, et il devint de moins en moins satisfaisant de communiquer de langue à langue à l'aide de bribes de connaissances linguistiques ou par l'intermédiaire de porte-parole improvisés. C'est ainsi qu'avec la multiplication des échanges intellectuels et la création d'organismes internationaux, l'interprétation a tendu de plus en plus, et très vite, à devenir un métier, pratiqué par des spécialistes.

Elle connaît aujourd'hui deux genres essentiels : l'interprétation consécutive et l'interprétation simultanée [1]. En consécutive, l'interprète fait son interpré-

1. Cf. *Guide pratique à l'usage des utilisateurs de services d'interprétation de conférence*, publié par l'Association Internationale des Interprètes de Conférence.

tation lorsque l'orateur a terminé son intervention. Celle-ci peut durer quelques secondes (quelques dizaines de mots) ou plusieurs minutes (quelques centaines ou milliers de mots).

La consécutive, qui était autrefois la règle et qui connut une période brillante à la Société des Nations, puis plus récemment au Conseil de Sécurité des Nations-Unies et à laquelle les anciens de la profession, André Kaminker, Jean Herbert, durent leur réputation, est devenue relativement rare. Les statistiques de l'AIIC[2] indiquent qu'à l'heure actuelle 20 % du travail d'interprétation seulement se fait encore en consécutive. Elle se pratique, essentiellement, dans les conférences à deux langues.

L'interprétation simultanée transmet le message dans l'autre langue pratiquement en même temps qu'il est prononcé dans la langue originale. Elle a au plus quelques secondes de retard sur l'orateur. Celui-ci parle de façon continue dans un micro, le son est transmis à l'interprète qui parle à son tour, dans sa langue, dans un micro qui transmet sa parole aux auditeurs de cette langue. Elle s'implanta après la guerre, tout d'abord au Tribunal de Nuremberg, aux Nations-Unies ensuite. La transmission en anglais pendant des années, sur une chaîne de radio américaine, des débats de l'Assemblée Générale de l'ONU a fait beaucoup pour asseoir le prestige des interprètes de conférence. Les interprètes qui transmettaient en anglais les discours des représentants de l'URSS étaient devenus des vedettes de l'actualité américaine. Depuis, l'interprétation a pénétré dans

2. Association Internationale des Interprètes de Conférence, 33, rue des Archives, PARIS 4.

tous les secteurs, il n'est plus d'organisation internationale, européenne ou mondiale (CEE, UNESCO, GATT, FAO, UPU, OMS, OCDE, OACI, etc.) qui n'ait d'équipes d'interprètes enfermés dans leurs cabines avec casques et micros. Les réunions et congrès privés abondent, où l'on a recours à l'interprétation. Grâce à elle, le nombre des langues utilisées en conférence internationale augmente et il n'est plus rare de voir des réunions ou des congrès employer 4, 5 ou même 6 langues de travail.

C'est en 1953 que les premiers interprètes de conférence fondèrent leur Association professionnelle[3] qui a son siège à Paris et qui groupe aujourd'hui quelque 700 interprètes dans une quarantaine de pays et dans les six continents.

De nombreuses écoles d'interprètes ont également vu le jour depuis la guerre. De niveau très inégal, elles ont compris le désir de milliers de jeunes de vivre au cœur des événements et d'utiliser de façon vivante leurs connaissances linguistiques. La formation qu'elles donnent est malheureusement encore souvent mal conçue par rapport aux exigences du métier[4]. Cela n'est pas étonnant car le processus par lequel l'interprétation s'effectue est mal connu, et souvent méconnu. On a tendance à n'en considérer que l'aspect purement linguistique, à n'y voir qu'une sorte de décalcomanie verbale : l'interprète serait celui qui copierait en bleu ou vert, une forme originale rouge par exemple, chaque couleur représentant dans notre métaphore une langue différente.

3. L'AIIC, Association Internationale des Interprètes de Conférence.

4. Cf. *L'Interprète de Conférence, son rôle, sa formation*, brochure d'orientation professionnelle publiée par l'AIIC, et le compte rendu du *Colloque sur l'enseignement de l'interprétation* publié par l'AIIC.

Pour l'usager l'interprétation apparaît ainsi comme une suite d'opérations de codage et de décodage : le message qu'il émet dans son code à lui est transcrit dans un autre code dont il n'a pas la clé. Emis en allemand ou en russe, le message est « codé » en français ou en anglais, tout comme il pourrait être pris en sténo ou en signaux Morse ou simplement transformé en écriture. Il lui semble que comme dans ces opérations seule la forme extérieure du message change, son sens n'entrant pas en ligne de compte. Il assimile l'interprète à l'opérateur qui préside à ces changements de forme, qui n'a pas nécessairement besoin de comprendre ce que signifie le message et auquel il suffit de connaître bien les signes des deux codes qu'il manie pour trouver à chacun son équivalent dans l'autre gamme. Ainsi l'interprète serait un opérateur dont les codes seraient des langues, et les signes des mots. A chaque mot prononcé il trouverait immédiatement — grâce à une longue pratique — son équivalent dans une autre langue.

Qu'en est-il en fait ? L'interprète de l'ONU, de l'UNESCO, des Organisations Européennes et des innombrables réunions et congrès privés est-il l'opérateur que nous venons d'évoquer ? Nous verrons que, pour des raisons qui tiennent à la nature même du langage, il ne peut en être ainsi et que les opérations mentales qu'exige l'interprétation sont tout autres.

C'est pourquoi avant d'analyser ce processus, nous aimerions que l'on se fasse une représentation plus juste de ce en quoi consiste le métier d'interprète, en l'abordant sous un autre angle que celui de la diversité de langues et du passage de l'une à l'autre.

Que l'on imagine une conférence ou une conversation entre gens parlant la même langue, mais où les interlocuteurs seraient séparés par une paroi de verre insonore. Ils se verraient mais ne s'entendraient pas. (C'est d'une façon très analogue que des interlocuteurs de langues différentes ne « s'entendent » pas.) Ils se parleraient par le truchement de deux intermédiaires qui, placés de chaque côté de la paroi de verre, seraient seuls en mesure de les entendre et auraient pour tâche de transmettre à chacun ce que dit l'autre. Nous imaginons ce qui se passe : les interlocuteurs qui se voient se parlent sans s'adresser aux intermédiaires qui ne servent ici qu'à surmonter l'obstacle acoustique. Ils ménagent cependant des intervalles et des silences pour leur laisser le temps de répéter ce qu'ils disent, s'arrêtant à chaque articulation de la pensée c'est-à-dire, admettons, toutes les trois minutes. Or une minute de parole dans un débit soutenu correspond en moyenne à 150 mots. En trois minutes les interlocuteurs auront prononcé 450 mots. Il est évident que les intermédiaires ne pourront pas répéter, *mot pour mot*, ces interventions entendues une fois seulement. Mais pourront-ils faire ce que leur demandent en fait les interlocuteurs, à savoir transmettre le sens de ce qu'ils ont dit, le contenu sémantique de leurs paroles ? Eh bien ! chacun de nous ne peut-il pas raconter le livre qu'il vient de lire et qui contient pourtant des dizaines de milliers de mots ? Quelle impossibilité y aurait-il alors à « répéter » ce qu'expriment 400 ou 500 mots ? On conviendra cependant que pour cela il est nécessaire d'avoir *compris* ce qui a été entendu (sinon la restitution sera ou incohérente ou fausse) ; cela implique la *connaissance de la langue* des interlocuteurs, mais aussi des éléments du *sujet* traité.

Il en va de même en *interprétation consécutive* ; à condition de *connaître* les deux langues des interlocuteurs et certains éléments du sujet et de comprendre, grâce à une analyse très poussée, ce qui est dit, l'interprète peut restituer le message. Nous verrons même que, le restituant à partir de son sens, il arrive à être aussi complet que l'original.

Le processus de la *simultanée,* lui, peut s'expliquer par une comparaison avec la transmission radiophonique d'un match de football. Le reporter sportif qui décrit aux auditeurs de la radio le spectacle qui se déroule sous ses yeux analyse très rapidement et avec un métier très sûr les événements dont les auditeurs ne peuvent être les témoins directs, et les leur transmet dans leur langue. Contrairement à l'opérateur Morse, il ne codifie pas des signes en d'autres signes, mais il analyse et explique le sens des événements, sans que le passage d'un mode d'expression (gestes des joueurs sur le terrain) à un autre mode d'expression (paroles du reportage) ne pose de problème particulier. L'interprète de simultanée analyse de la même façon le sens des interventions qui lui parviennent, à lui, sous une forme linguistique ; il ne s'arrête pas à la langue, pas plus qu'il ne se préoccupe longuement des formulations qu'il choisira pour s'exprimer dans l'autre langue, mais il achève son analyse rapide et exprime spontanément « ce » qui a été dit, transmettant ainsi le contenu sémantique du message. Or, à contenu sémantique égal, la forme donnée par l'interprète à son message rejoint obligatoirement, nous le verrons, le style de l'original.

Mais peut-on imaginer qu'un interprète sans formation technique puisse transmettre le contenu sémantique de messages hautement techniques ? Certes non ; il ne saurait y avoir de compréhension sans une certaine connaissance de la matière traitée. Mais le problème ne se pose pas comme on semble le croire si souvent, dans les termes d'une alternative où l'interprète devrait soit être un spécialiste de la matière traitée, soit se contenter de « répéter » mot à mot ce qu'il entend. Les deux termes sont également impossibles. Nous évoquerons au cours de cet ouvrage les connaissances qui sont nécessaires à l'interprète et la façon dont elles interviennent pour permettre sa compréhension.

Nous verrons aussi que l'interprétation infirme à son tour la conception naïve des langues, entretenue pendant des siècles et démentie par toutes les découvertes de la linguistique moderne selon laquelle les mots dont sont composées les langues seraient des signes de contenu identique, aisément transposables.

Il n'en est rien ; les mots, contrairement aux chiffres, qui ne se distinguent que par leur phonation et peuvent être traduits automatiquement, évoquent un champ sémantique infiniment plus vaste que leur signification immédiate ; ils n'ont pas d'équivalence complète dans les autres langues. Si l'on pouvait, comme le croient encore tant de délégués aux réunions internationales, « répéter » dans une autre langue les mots de l'original, l'interprétation simultanée serait un jeu d'enfant. Mais les mots étant ce qu'ils sont, porteurs d'un sens variable à l'infini selon le contexte, la situation, les interlocuteurs, etc. une traduction « mot à mot » ne rendrait que le sens premier de ces mots — le message restant très peu clair, pour ne pas dire incompréhensible. Voudrait-on néanmoins tenter cet exercice que l'on se heurterait très rapidement à des impossibilités pratiques étant donné la vitesse imposée. Ne sont « répétables » à cette vitesse que des mots d'étymologie et de consonances analogues. Que le lecteur qui voudrait s'en convaincre en fasse l'essai... Qu'il fasse choisir, au hasard des pages d'une encyclopédie étrangère 400 ou 500 mots d'une langue qu'il connaît bien. Qu'on les lui débite, chronomètre en main, en trois minutes, vitesse normale du débit oral. Qu'il essaie en même temps de les « répéter » en français. Il verra tout de suite que l'on ne dispose pas instantanément d'un vocabulaire pourtant connu, si aucune trame intelligente ne vient le soutenir.

Ainsi on commence à voir en quoi consiste l'interprétation de conférence ; elle n'est pas traduction orale de mots mais elle dégage un sens et le rend explicite pour autrui ; c'est une exégèse et une explicitation. Les interprètes de la parole ne se distinguent pas à cet égard des interprètes musiciens ou comédiens qui transforment l'écriture du poète ou du compositeur en conservant néanmoins leur message avec une exactitude rigoureuse, le rendant d'autant plus intelligible qu'ils sont plus grands interprètes.

Mais qu'en est-il de la langue ? Peut-on définir l'interprétation de conférence en dehors des langues et des problèmes linguistiques ? Bien évidemment non. Si nous avons tendance à minimiser le problème linguistique, c'est de peur qu'on n'y attache une importance exagérée ; mais les difficultés linguistiques existent ; elles s'ajoutent aux difficultés d'analyse et d'explicitation sans pour autant se substituer à elles.

Le domaine de l'interprétation est la communication, l'analyse du message original et sa mise en une forme accessible à son destinataire. Les moyens de communication, les langues, sont un instrument de travail, non un but à atteindre. Aussi l'interprète n'est pas un linguiste qui étudie un fait de langue, mais un linguiste qui connaît avec une spontanéité et une intuition complètes les langues qu'il pratique dans l'exercice de son métier. Ces langues sont le moyen grâce auquel il fait comprendre à l'interlocuteur présent le message qui lui est adressé, à l'aide d'un processus que l'on pourrait schématiser, pour l'interprétation consécutive comme pour la simultanée, en le décomposant sommairement en trois temps :

1° audition d'un signifiant linguistique chargé de sens ; appréhension (domaine de la langue) et compréhension (domaine de la pensée et de la communication) du message par analyse et exégèse ;

2° oubli immédiat et volontaire du signifiant pour ne retenir que l'image mentale du signifié (concepts, idées, etc.) ;

3° production d'un nouveau signifiant dans l'autre langue, qui doit répondre à un double impératif : exprimer tout le message original, et être adapté au destinataire.

Notre but dans cet ouvrage n'est pas de traiter les techniques particulières qu'utilisent les interprètes en consécutive et en simultanée [5]. Il est d'essayer de mettre en lumière le processus mental qui rend possible la transmission quasi instantanée d'un message oral dans une autre langue. Nous avons vu rapidement quels étaient les problèmes fondamentaux qui se posent à celui qui doit transmettre en « temps réel » un message qui ne lui est pas destiné : problèmes de compréhension, de connaissances, de communication et enfin problèmes linguistiques. Ces problèmes paraissent quasi insolubles au premier abord pour un non spécialiste. Les premiers interprètes qui les surmontèrent en semblant se jouer des difficultés furent considérés comme des prodiges et des acrobates du langage. Aujourd'hui, ces mêmes problèmes sont surmontés journellement par des centaines d'interprètes de conférence dans le monde. L'interprétation est donc possible, et ce sont les méthodes et les processus mentaux qui permettent à l'interprète de conférence d'assumer son rôle de médiateur avec succès, que nous nous proposons d'étudier.

Il va de soi que les démarches intellectuelles que nous étudierons successivement sont, dans la réalité du travail d'interprète, concomittantes et non successives et que selon le message elles occupent une plus ou moins grande place dans le processus général. Nous avons, par cet artifice, cherché à préciser les sollicitations auxquelles l'interprète doit faire

5. Ces techniques font l'objet d'un enseignement à l'Ecole Supérieure d'Interprètes et de Traducteurs de l'Université de Paris.

face et dont le rythme atteint parfois la limite des capacités humaines de réaction, et que la plupart du temps il parvient à dominer grâce à son talent et à la maîtrise de sa méthode.

Il nous a cependant paru utile de ne pas limiter cette étude au seul *processus* de l'interprétation, mais d'y ajouter un chapitre sur la *pratique* de l'interprétation de conférence. Ceux qui s'y destinent, ou qui s'y intéressent parce que les problèmes de la communication les préoccupent, ou tout simplement parce qu'ils ont entendu parler de l'ONU et de ses interprètes dans leurs cages de verre, et qui savent que ce métier prend une extension considérable à la suite de la multiplication des contacts humains, que d'immenses perspectives s'ouvrent à lui dès lors que se rapprochent des civilisations qui s'affirment — Etats-Unis d'Europe et Monde anglo-saxon, Monde arabe et Monde chinois — y verront qu'il reste encore des problèmes considérables à surmonter avant que ne s'épanouisse un métier qui n'a pas su encore s'assurer la reconnaissance qu'il mérite.

COMPRENDRE

I

LE LANGAGE ORAL

Interpréter c'est d'abord comprendre. Dans ce chapitre nous nous efforcerons de dégager ce qu'il s'agit de comprendre, et nous décrirons avant tout les éléments qui caractérisent le langage tel qu'il se présente en conférence internationale. Nous verrons ce que sont les messages qu'échangent les interlocuteurs, et nous examinerons également les méthodes que les interprètes appliquent à leur analyse.

Le message que reçoit l'interprète et qu'il doit comprendre pour le reformuler dans l'autre langue se présente sous la forme d'une expression orale et spontanée [1] que nous appellerons *langage oral.*

D'une grande portée sur le plan de la communication dans l'antiquité, le langage oral vit son domaine

1. Nous étudions dans la section « Pratique de l'interprétation » le cas particulier du discours rédigé à l'avance et lu en conférence.

se rétrécir avec l'imprimerie et l'alphabétisation et ne dépassa plus pendant des siècles les milieux intimes de la famille et des proches. A une époque où voyager n'était pas aussi facile qu'aujourd'hui, ce furent les livres qui traversèrent les frontières les premiers. Quoi d'étonnant alors que les langues étrangères fussent surtout connues dans leur forme écrite ; quoi de plus naturel à ce que le passage d'une langue à l'autre se soit effectué d'abord à partir de textes, donc de mots écrits. Les exercices quotidiens de versions et de thèmes dans nos écoles et facultés témoignent encore aujourd'hui de cette primauté de la langue écrite, de cette absence de contact avec le milieu vivant dont la langue est l'émanation ; plusieurs heures pour traduire une quinzaine de lignes, figées, hors contexte et intemporelles, ne sont pas de trop pour leur trouver un sens en épreuve de licence ou d'agrégation.

Avec le téléphone, la radio et la télévision, le langage oral a retrouvé aujourd'hui son importance. La portée de l'oral a rejoint la portée de l'écrit. Partout le langage oral apparaît comme un moyen essentiel de communication et pourtant il continue à être traité en parent pauvre — c'est à peine si, en dehors de la phonétique, il est étudié ; pour la plupart des gens c'est le langage écrit qui se confond avec la langue tout court. On a même souvent tendance à considérer comme « oral » l'articulation à haute voix du langage écrit, sans se rendre compte des caractéristiques particulières de l'oral. Certains signes semblent bien indiquer un début de prise de conscience (à la radio par exemple les professionnels ne sont plus les « speakers » d'autrefois qui lisaient des textes mais des commentateurs qui formulent spontanément). Aussi est-il sans doute bon de tenter d'explorer le langage oral, qui est d'une importance capitale pour l'interprétation.

Avant de parler, nous savons ce que nous allons dire ; nous n'en arrêtons cependant pas la forme avant d'ouvrir la bouche. Le choix de nos mots pour exprimer un même sens est fonction de nous, mais aussi, spontanément, de l'interlocuteur auquel nous nous adressons, et de la situation dans laquelle nous nous trouvons tous deux. Cette spontanéité de l'expression nous permet de nous concentrer sur le sens de ce que nous voulons dire et de laisser se faire presque inconsciemment le choix de l'expression. Sachant ce que nous voulons dire nous énonçons « il pleut » de maintes façons, à titre d'information ou de regret, de façon interrogative ou comme un cri de joie, etc., mais à aucun moment nous ne modulons consciemment notre voix ; sachant ce que nous voulons dire, nous énonçons les pensées les plus complexes, et les mots viennent nous servir avec une spontanéité presque totale ; non seulement les mots d'ailleurs, mais les inflexions et la force de la voix, l'expression du visage, les gestes, l'accélération ou le ralentissement du débit, etc.

Ainsi chacun de nous se fait comédien sans le savoir, et même grand comédien car, parlant spontanément, nous jouons juste.

Si par contre nous cessons de nous concentrer sur le sens de ce que nous voulons exprimer et si nous faisons porter notre attention sur la forme, nous risquons fort de jouer plus mal et de nous faire mal comprendre. De même cette spontanéité de l'expression, cet asservissement du signifiant au signifié disparaît si l'élocution est dissociée dans le temps de la fixation verbale : il faut tout l'art du comédien qui y ajoute gestes, mimiques, inflexions et accents, pour donner la vraisemblance de la vie aux écrits des dramaturges. Stanislavski demandait à ses étudiants de dire « bonsoir » avec des dizaines d'intonations différentes dont chacune devait exprimer un sens ; chacun d'entre nous y arrive spontanément quotidiennement car, à partir du sens de ce que nous voulons dire, l'intonation vient d'elle-même.

L'expression orale spontanée va même bien au-delà pour faire comprendre le message dont elle est porteuse. En véritable cybernéticienne, elle élève le ton et porte à la distance exacte de l'auditeur, elle articule mieux et ralentit ce qui pourrait être inconnu, passe rapidement les énumérations exemplatives, etc.

Enfin, elle aide à penser. N'oublions pas en effet que si, avant de parler, on sait « ce » que l'on va dire on ne le sait que *grosso modo*. On ne choisit pas ses mots ou ses expressions au préalable ; ceux-ci, en venant, fixent la pensée qui s'écoute et s'entend elle-même et qui en profite pour se préciser et se développer, de sorte que l'on pense mieux en parlant qu'au stade de la pensée non formulée.

L'acte de la parole spontanée est donc avant tout acte de pensée. La pensée et la parole constituent un enchaînement spontané où la pensée donne naissance à la parole et au ton, et où en même temps elle se nourrit de cette parole et de ce ton comme de la réaction des interlocuteurs, de leurs sourires ou de leur hochement de tête, de leur air d'approbation ou de réprobation, pour s'analyser, se préciser et se développer. Ainsi la pensée globale initiale se fragmente-t-elle par l'analyse qu'en fait l'orateur en s'exprimant et s'adapte-t-elle dans sa formulation aux interlocuteurs présents.

Sa spontanéité, son asservissement au sens, rendent le langage oral éminemment compréhensible. Comparons-le un instant au texte écrit : ne faudrait-il pas des dizaines de lignes sinon de pages pour exprimer tout ce que signifie un cri inarticulé ou un geste ? Et le lecteur ne devrait-il pas faire une certaine « analyse de texte » pour appréhender ce que comprend spontanément celui à qui s'adresse le cri ou le geste ? Pour faire comprendre en le lisant à haute voix, un texte que l'on aurait rédigé d'avance, il faut être *et* bon écrivain *et* bon comédien. Pour se faire comprendre lorsque l'on parle librement, il suffit de penser à ce que l'on veut dire.

Serviteur du sens, le langage oral est aussi porteur de ce sens : il correspond à la pensée mais aussi à la démarche mentale de celui qui s'exprime : il précise le sens qu'il véhicule par les hésitations, les répétitions et les associations d'idées qui entraînent la parole dans des chemins de traverse et qui révèlent sans équivoque le cheminement de la pensée.

En interprétation, c'est en écoutant les exposés faits par des jeunes, fraîchement émoulus de leurs Ecoles et Facultés, que l'on se rend compte que l'intelligibilité d'un message oral est bien fonction de son expression : dans les conférences techniques ou scientifiques ce sont ces jeunes, à de rares exceptions près, qui sont les plus difficiles à comprendre ; leurs connaissances toutes fraîches ne sont que le reflet verbal de connaissances mises au point par d'autres ; la citation l'emporte parfois sur la logique, l'enchaînement des idées n'est pas toujours cohérent...

l'évanescence

Si le langage oral comporte tant de facteurs d'intelligibilité : mots, gestes, mimiques, élocution, force de la voix, silences, etc. c'est qu'il doit se faire comprendre instantanément. Il ne possède pas le caractère répétitif du texte écrit sur lequel le lecteur peut s'attarder ; c'est au moment où il est émis que le contenu du message doit « passer la rampe », car s'il n'est pas compris à ce moment-là en une audition unique, il n'aura jamais pris corps, il n'aura jamais été signifié.

Toutes les composantes du langage oral sont adaptées à cette nécessité ; la rapidité du débit est fonction de la capacité de perception auditive de l'auditeur ; la densité sémantique fonction de sa capacité de compréhension. Elles varient selon le degré de nouveauté que comporte pour les auditeurs l'information communiquée.

C'est une des caractéristiques les plus saisissantes du langage parlé que ce souci d'intelligibilité. Dans le dialogue où chacun des interlocuteurs sollicite par la parole la réaction de l'autre, le but premier du langage est toujours le même : arriver à destination, se faire comprendre ; mais la forme du langage varie en fonction de son destinataire, c'est-à-dire du degré de connaissance qu'a celui-ci du contexte du message.

On peut considérer tout message comme étant un point dans un champ sémantique beaucoup plus vaste. Le langage s'amplifie ou se rétrécit en fonction de la connaissance que possède le destinataire du contexte où se situe le message. Prenons un exemple : Dire dans une famille « le plombier vient de partir » est une forme plus ample que de dire « il vient de partir » mais plus concise que de dire « l'ouvrier qui a débouché l'évier vient de partir »... Le message est le même ; mais l'ampleur du langage aura été choisie spontanément en fonction du degré de connaissance de la situation que possède le destinataire et par conséquent en fonction de l'intelligibilité qui sera conférée au message. On peut imaginer que pour transmettre cette même information à un Martien il faudrait des livres entiers, allant de l'explication de ce qu'est un homme, à celle de ses rapports sociaux et à des traités sur l'écoulement des eaux. Inversement un « oui » suffirait, ou même un hochement de tête, si l'information était fournie en réponse à une question. Ainsi un seul mot peut évoquer chez l'un ce qu'il ne serait possible de formuler pour l'autre que par une explicitation tendant à l'infini. Un cas extrême : les noms propres. Pour celui qui ne connaît pas une personne, l'évocation d'un nom indique tout au plus par sa consonance une certaine probabilité de sexe et d'appartenance ethnique. Par contre pour les interlocuteurs qui connaissent la personne, son nom peut évoquer tout un monde.

Ainsi n'y a-t-il pas identité de l'information et de la forme qu'elle revêt : le langage oral s'ouvre en fonction de l'ignorance de l'interlocuteur et se ferme en fonction de sa connaissance, soucieux qu'il est de faire parvenir le message à destination, de le faire entendre en évitant de le noyer dans trop de connu, de le faire comprendre en en disant suffisamment.

L'adaptation du langage à l'auditeur correspond à une faculté innée de chacun de nous, développée certes à des degrés divers, mais dénotant toujours le souci de communiquer.

Pour en revenir au contexte des conférences internationales, imaginons que nous venons de prononcer un bref discours de trois minutes. Nous ne serions plus capables, même immédiatement après la fin de notre intervention de répéter de façon exacte les 400 à 500 mots que nous venons de prononcer ou de retrouver les intonations ou les gestes que nous avons eus à cette occasion. La plupart du temps nous ne saurions d'ailleurs même pas que nous les avons utilisés et nos auditeurs non plus. Le souvenir qui reste est celui du sens, détaillé et précisé parce qu'énoncé, mais redevenu en grande partie informe dans la mémoire. Celle-ci élimine la majeure partie des mots prononcés et la totalité des sons qui formaient le ton, pour ne retenir que le sens dont ils étaient porteurs.

Ainsi orateurs et auditeurs savent « ce » qui a été dit. Comparée à la perception visuelle du texte écrit, forcément répétitive et où par conséquent la forme reste aussi rémanente que le sens, la perception auditive présente ainsi la particularité de dissocier le sens de son expression ; elle permet la rémanence de celui-là et pousse à l'oubli de celle-ci. C'est là un avantage immédiat pour l'interprète, puisqu'il n'est plus saisi que du sens et ne s'en laisse pas distraire par les mots : en interprétation, qu'on le veuille ou non, la forme est fugitive (*verba volant*), et de ce fait la dissociation du sens et de l'expression se fait spontanément.

Le langage oral étant entièrement axé sur l'intelligibilité qu'il cherche à conférer au contenu sémantique du message, est-il étonnant qu'il soit essentiel à l'interprète de comprendre le sens du message ? Reprenons l'exemple que nous donnions dans « Généralités », pour expliquer l'interprétation simultanée. Il est clair que s'il fallait exprimer un geste en paroles il vaudrait mieux expliquer le sens de ce geste que de chercher à en décrire les aspects cinétiques. Il est plus facile et plus normal quand on voit quelqu'un gesticuler sur une plage, de dire « Paul nous appelle » que de décrire l'apparence de l'homme puis chacun de ses gestes.

Mais un geste n'est pas une langue, nous objectera-t-on, et passer d'une langue à l'autre n'est pas une conversion aussi radicale que de changer complètement de code de communication. « Pourquoi faut-il comprendre pour interpréter ? » diront les réfractaires, « pourquoi ne pas tout simplement traduire ce qu'on entend ? ». C'est là une erreur que l'on commet parce qu'on a trop l'habitude du langage écrit[2]. Nous venons de voir que le langage oral vise à l'intelligibilité immédiate, et que le message qu'il transmet ne prend corps que s'il a été compris. Il faut ajouter que le langage oral disparaît, se volatilise entièrement dès que le message est arrivé à destination, c'est-à-dire dès qu'il a été compris ; par conséquent et contrairement au texte écrit qui existe dès lors qu'il est fixé sur le papier, le message oral n'existe indépendamment de son auteur que dans la compréhension de l'auditeur, et ce, non pas dans sa

2. Soulignons d'ailleurs le fait que la traduction, elle non plus, ne peut s'effectuer par une simple transposition de mots.

forme (mots, gestes, intonation, etc.), mais dans son sens.

L'interprète s'efforcerait-il de retenir les mots prononcés que cela ne lui suffirait pas : il lui faudrait aussi retenir gestes, mimiques et ton, bref les attributs du langage oral, et pour transmettre le message il se transformerait en bouffon gesticulant et, concentré sur les mots et la mimique, parlerait dans l'autre langue un langage totalement dépourvu de sens.

Bénéficiant tout au contraire de tous les avantages que présente le langage oral pour son propre entendement et ensuite pour son expression dans l'autre langue, l'interprète non seulement comprend le sens du message, mais refuse de se laisser hypnotiser par le mot comme il le ferait trop facilement s'il avait sous les yeux un texte écrit qu'il pourrait relire indéfiniment. Placé au cœur de raisonnements qui se croisent et s'enchaînent il est en présence de personnes et non de textes ; il bénéficie de circonstances qui lui permettent de faire beaucoup mieux que s'il avait un texte sous les yeux. C'est en fait un avantage pour l'interprète rompu à l'analyse du sens, que de *ne percevoir qu'une seule fois* la parole de l'orateur. Le mot est en effet un obstacle à surmonter et non une aide dès lors qu'il s'agit de comprendre l'enchaînement de plusieurs centaines, sinon de plusieurs milliers de mots. Pris isolément, le mot a tendance à faire surgir tous ses sens actuels et même son sens étymologique. Moins ce mot est persistant plus l'interprète peut s'en débarrasser pour ne retenir que le sens du message.

Nous répondons donc au fameux dicton « *traduttore — traditore* » par « *scripta manent — verba volant* », en attribuant cette fois un sens positif à *verba volant* ; nous disons bien « *verba* », car si la forme que l'orateur a choisie est fugitive, le sens, lui ne « vole » pas, et est reproduit avec une fidélité totale.

Nous savons que malgré cette affirmation nous exposons l'interprète qui ne veut pas retenir l'expression initiale du message à l'accusation d'inexactitude ; mais n'oublions pas la situation dans laquelle il se trouve. L'orateur ne sait pas, en simultanée, si l'interprète a bien dit « ce » qu'il a lui-même signifié, mais il voit à la réaction de ses interlocuteurs s'il a été bien ou mal compris. Il n'y a pas de séance où un participant ne dise à l'autre « Vous m'avez parfaitement compris » ou au contraire « Je ne me suis pas fait comprendre » alors qu'il arrive rarement qu'un orateur vérifie la « traduction » d'un *mot*. En consécutive il y a toujours des participants, lorsque ce n'est pas l'orateur lui-même, qui comprennent la langue originale et la langue interprétée. La justesse du sens et la limpidité de l'expression leur font trouver « bonne » l'interprétation, et cependant ils croient que si elle est parfaitement exacte et complète, c'est qu'elle est parfaitement littérale. Comment pourraient-ils en juger autrement alors qu'ils ont été élevés dans la tradition du langage écrit et du mot ?

L'interprétation relève de la peinture plutôt que de la photographie. Celle-ci n'omet aucun détail ; elle reproduit avec une fidélité parfaite tout ce qui est entré dans le champ de vision de l'appareil. Comparée à la peinture, elle trahit cependant souvent ce qu'elle reproduit, car elle reproduit indifféremment l'essentiel et le secondaire, le contingent et le permanent. Transposé dans notre domaine, c'est comme si elle reproduisait des mots sans chercher à en exprimer le sens. La peinture, elle, dégage un sens, un message, qui correspond, bien sûr, à l'objet représenté, mais expliqué par la vision du peintre. Le passage d'une langue à l'autre en interprétation est aussi peu une transposition de mots que la peinture est une copie. La machine à traduire servira peut-être, un jour, d'appareil photographique en interprétation ou en traduction, elle ne parviendra, néanmoins, à réexprimer le message intégral que si interprètes et traducteurs définissent sa tâche, si bien qu'elle les servira sans les remplacer, comme la photographie ne remplace pas la peinture, mais peut devenir un instrument de création entre les mains d'un artiste.

l'hermétisme

La recherche d'intelligibilité qui caractérise le langage oral ne s'exprime pas seulement par son explicitation plus ou moins grande ; elle prend aussi d'autres formes — on parle fort à un sourd, on fait des gestes à celui qui est trop loin pour entendre — bref, on utilise le langage que peut comprendre l'interlocuteur, d'où le souci, si ridicule soit-il dans ses effets, de parler chien-chien aux bêtes et petit-nègre aux étrangers.

Ce dernier trait dénote deux choses : il relève du souci de se faire comprendre et en même temps il trahit l'incapacité du langage à s'adapter à un destinataire hors de sa portée. Si le langage que l'on parle aux étrangers leur est si souvent mal adapté (par exemple, on leur parle fort comme si leur manque d'entendement était dû à une dureté d'oreille) c'est qu'on en ignore par définition trop de choses. L'effort d'adaptation porte par conséquent à faux. En conférence internationale l'ignorance de la « condition étrangère » n'est pas toujours aussi grande mais la barrière s'étend quand même au-delà du seul obstacle des langues. Les orateurs parlent chacun plus ou moins le même langage que s'ils étaient entre nationaux du même pays, renforcés qu'ils sont dans ce sentiment par la présence à la réunion de confrères de leur nationalité. Les auditeurs étrangers reçoivent donc un message dans une *langue* différente de la leur mais aussi dans un *langage* non adapté à leur compréhension : ainsi les Français continuent-ils des années après la réforme monétaire à s'exprimer dans les conférences internationales en anciens francs, qui n'évoquent aucun ordre de grandeur pour les étrangers.

Ce langage non « cybernétisé » entre interlocuteurs étrangers ressemble à celui que, auditeur fortuit, on entend dans l'autobus ou dans le métro et qui prend un certain caractère hermétique. A qui n'est-il pas arrivé de se trouver à un dîner ou à une réception où on est seul à ne pas bien connaître les autres invités ? L'isolement dans lequel on se trouve alors n'est pas dû uniquement à l'ignorance des sujets abordés, mais aussi au fait que le langage utilisé comporte de nombreux sous-entendus. Ceux qui appartiennent à un même bureau ou à une même famille possèdent un fond commun de connaissances et d'expériences tel qu'ils se comprennent même lorsqu'ils utilisent des expressions elliptiques et des termes imprécis. Des mots comme « truc » ou « machin » interviennent parce qu'ils recouvrent tout de suite une réalité pour l'interlocuteur. J'avais noté un jour à Tunis l'expression d'une collègue qui disait qu'elle « prenait par Le Caire » pour aller au bureau. Le Caire se trouvant à 3 000 km de Tunis, quiconque n'était pas familier de la personne faisant cette déclaration pouvait en conclure, soit qu'elle n'avait pas tout son bon sens, soit que la déclaration prise textuellement n'avait aucun sens, et que par conséquent, il ne fallait pas attribuer aux mots leur sens littéral mais chercher à établir une cohérence interne dans le message pour trouver la clé de sa signification. Et, en effet, les interlocuteurs présents comprenaient tous que « Le Caire » signifiait ici le carrefour aux abords de Tunis où un panneau indiquait la direction du Caire. Un esprit non prévenu aurait pu, en analysant longuement le message, retrouver son sens, mais la compréhension aurait été beaucoup plus longue à intervenir que celle des initiés.

L'interprète se trouve souvent dans son métier dans la position de l'auditeur non prévenu pour qui « Le Caire » n'a aucun sens. Supposons que la phrase ci-dessus ait dû être interprétée pour des interlocuteurs d'une autre langue : si l'interprète hypothétique l'avait « traduite » mot à mot sans en faire l'analyse il aurait été fidèle aux mots mais aurait trahi complètement le sens, qui seul importe.

L'interprète se trouve en conférence dans une situation curieuse où il n'est ni un interlocuteur (c'est-à-dire quelqu'un qui reçoit un message dans un langage plus ou moins adapté), ni un auditeur fortuit (pour qui il serait sans importance de ne pas tout comprendre très clairement). En effet, les orateurs ne s'adressent pas à lui mais à leurs collègues qui connaissent le sujet et le contexte et qui peuvent par conséquent comprendre des formules elliptiques.

Certes parfois des universitaires ou des juristes font le bonheur des interprètes ; l'habitude de parler devant un auditoire, de donner des explications, de formuler la pensée de façon explicite, les rend immédiatement compréhensibles et soulage les interprètes d'une bonne part de l'analyse si essentielle par ailleurs. Mais ces orateurs sont rares ; la plupart du temps, pour transmettre son message, l'interprète doit tout d'abord se l'expliciter à lui-même en fonction du contexte, reconstituer ce que le langage recouvre d'implicite et ce que l'orateur n'avait nul besoin de formuler plus clairement pour se faire comprendre des destinataires originaux de son discours : il lui faut ensuite rendre son message de manière intelligible dans l'autre langue.

Le message n'est destiné à l'interprète qu'indirectement et dans un langage qui ne lui est pas adapté ; en dehors de toute question de langue, il le comprend cependant mieux qu'un auditeur étranger à qui la culture de l'orateur serait aussi inconnue que sa langue : l'interprète peut éclairer les sous-entendus et suppléer par un effort de concentration et d'analyse au caractère légèrement hermétique que le langage a pour lui ; ce caractère hermétique est surtout manifeste en début de réunion ou dans les conférences de très brève durée où l'interprète travaille pour la première fois ; il disparaît ensuite assez vite. Mais l'interprète qui doit travailler à brûle-pourpoint dans une réunion déjà entamée et dont il ignore tout, est très désemparé ; le sens des messages les plus simples risque en effet de lui échapper au début car il ne dispose pas des éléments indispensables à leur analyse ; la connaissance du contexte lui manque, mais il va l'acquérir très rapidement.

Hermétique dans sa forme pour les interlocuteurs étrangers, le message l'est donc en partie aussi pour l'interprète. S'il le transmettait mot à mot, en admettant que ce soit possible, il traduirait *la langue* mais laisserait intacte une partie de l'hermétisme de la formulation. C'est parce qu'il comprend non seulement la langue mais aussi le message, que l'interprète le formule à son tour dans l'autre langue en l'adaptant à la capacité de compréhension de l'auditeur. Nous reviendrons sur ce point dans la section « Exprimer ».

Dire que le langage est hermétique ne préjuge d'ailleurs en rien de la difficulté réelle du contenu du message. Il faut découvrir ce qui n'est pas exprimé, mais les sous-entendus peuvent fort bien être banals. Les interprètes sont toujours impressionnés par les collègues qu'ils entendent travailler à des réunions auxquelles eux-mêmes ne participent pas : ils ne se rendent pas toujours compte que pour l'auditeur fortuit le langage oral est presque toujours hermétique et que le message dont celui-ci n'a pas la clef ne recèle pas pour autant des difficultés de fond particulières.

Conscient de ce caractère hermétique, l'interprète

se fait exégète et l'habitude de l'analyse lui fait alors découvrir non seulement les sous-entendus banals mais aussi les tenants et aboutissants « techniques » des problèmes en cause. J'ai relevé un jour à une réunion de l'Organisation Internationale de Normalisation l'échange suivant à propos d'aciers spéciaux. QUESTION : « Quelle est la durée de refroidissement de cette nuance ? » — RÉPONSE : « A l'air ». A première vue la réponse ne semblait pas correspondre à la question posée. En fait, tout le contexte qui l'entourait ainsi que les interventions qui l'avaient précédée, faisaient comprendre que les aciers que l'on désire tremper sont plongés dans l'huile, dans l'eau, dans de la saumure, etc. en fonction de la dureté désirée. S'ils sont refroidis à l'air libre c'est qu'ils sont auto-trempants et que la durée du refroidissement est normale... Cet exemple montre à quel point les mots les plus simples peuvent paraître hermétiques si l'on ne tient pas compte du contexte.

La difficulté de compréhension du langage hermétique n'est insurmontable que si on n'en reconnaît pas le caractère. L'interprète sait que le langage qu'il entend n'est pas aussi immédiatement intelligible pour lui que pour les auditeurs de l'original mais qu'il lui appartient de transmettre le message de l'orateur de façon aussi intelligible pour ses propres auditeurs qu'il l'était pour ceux de l'original ; il s'attache donc à l'analyser, à l'intégrer dans son contexte logique, il découvre les composantes de la situation pour qu'une connaissance élargie du contexte lui fasse évoquer un champ sémantique plus vaste à l'audition du message et le mette ainsi en mesure de faire acte d'interprétation.

II

LE MESSAGE

Quels sont donc les différents traits qui caractérisent ce message oral qu'entend l'interprète ?

l'orateur

Le message est bien sûr conditionné par la personne qui l'émet. Celui que nous qualifierons dorénavant dans cet ouvrage d'« orateur », n'est d'ailleurs pas forcément un Démosthène ; c'est tout participant qui prend la parole à une réunion internationale ; son but n'est pas de pratiquer l'art oratoire mais de s'entretenir avec des collègues étrangers de problèmes qui leur sont communs.

Cet orateur de conférence est aussi un *interlocuteur* : il ne s'exprime pas comme parle un conférencier ou comme écrit un journaliste qui s'adressent à un public mal défini : il a devant lui les personnes auxquelles il s'adresse, son raisonnement est une réaction à l'intervention précédente qui en provoquera une à son tour. Son « message », pour utiliser les termes de la communication, poursuit un but immédiat : expliquer une thèse, défendre un intérêt, convaincre un hésitant... sa qualité d'interlocuteur confère à son message un sens probable préalable car l'interprète ne l'entend pas isolément mais en rapport avec les éléments de la situation. L'interprète sait que les interventions possèdent toujours, parfois malgré les apparences, une cohérence interne et il sait aussi que l'orateur a, en règle générale, dans son domaine particulier un savoir supérieur au sien.

Le fait qu'une personne occupe telle situation, qu'elle a fait sienne telle attitude politique, ou qu'elle exerce tel métier, situe l'orateur dans le cadre de la réunion. Il va de soi que la qualité d'importateur ou d'exportateur, de producteur ou de consommateur, de Français ou de Belge est importante pour le sens du message ; il est évident qu'un cheminot ne défendra pas le transport routier à moins qu'il ne s'agisse de ceux qu'assure sa propre administration ferroviaire. L'interprète situe donc toujours l'orateur, car ce qu'il est peut donner un sens aux paroles qu'il prononce. Ainsi quand un ingénieur déclare lors d'un congrès consacré à l'étude des grands barrages que l'on a « réduit de moitié le facteur de sécurité » dans la construction de tel barrage, cela ne peut pas vouloir dire que cet ouvrage est moins résistant ; cela doit signifier que des progrès ont été réalisés dans la technique de la construction. L'interprète ignore quels sont ces progrès, il ne sait pas s'ils sont dus à une amélioration de la résistance des matériaux ou au fait que les profils sont mieux dessinés ; cependant sachant que c'est un responsable qui parle, il ne se trompe pas sur le sens favorable de l'énoncé. Si par contre un journaliste disait la même chose dans un autre contexte, cela pourrait fort bien signifier que le barrage est dangereux et que les risques de catastrophe sont grands. Si l'on n'a pas la connaissance de celui qui l'émet, un énoncé est donc *a priori* ambigu.

Pour comprendre d'emblée le but d'une intervention et en saisir à chaque instant la portée, l'interprète tient donc toujours compte de la qualité en laquelle se prononce l'orateur. Il risquerait en effet de mal comprendre ce qui est dit, s'il se plaçait toujours du même point de vue : le sien. Nous donnerons l'exemple d'une étudiante en interprétation qui, parce qu'elle n'avait pas situé la personne qui parlait, faussa un jour complètement le sens d'une intervention : il s'agissait d'établissements hospitaliers américains au moment de la guerre de Corée. L'officier américain qui parlait exposait la manière dont étaient soignés les blessés, et concluait en disant que les soins particuliers qui leur étaient prodigués permettaient de renvoyer rapidement ces soldats *au front*. A la fin d'une longue intervention consécutive cela fut rendu par « les rendre rapidement *à leurs familles* ». L'étudiante s'était placée de son point de vue de civile et de femme. Comme en interprétation consécutive on note toujours les idées comprises et non les mots entendus, c'est au stade de la compréhension que se situait l'erreur de cette interprète. S'attendant à une conclusion conforme à sa propre logique elle avait substitué sa propre pensée à celle de l'orateur sans « entendre » ce que celui-ci disait.

La méprise sur la personne qui parle peut, de la sorte, constituer une entrave majeure à la compréhension de toute une intervention. L'argumentation prend un caractère insolite, l'interprète perd toute distance à l'égard des mots prononcés par l'orateur, il a l'impression de mal entendre, et l'interprétation se fait de plus en plus transposition littérale inintelligible.

Ainsi je me souviens, il y a des années, à l'Assemblée Consultative du Conseil de l'Europe, avoir interprété au pied levé un orateur dont j'ignorais le nom et la nationalité. Il parlait l'anglais le plus pur, des « hem... » très britanniques étaient placés à intervalles réguliers, il faisait preuve d'une fausse modestie de bon aloi, et avait commencé son discours par la plaisanterie en usage chez les orateurs anglo-saxons. J'étais convaincue que c'était un Anglais, conservateur probablement d'après son parler, et je ne compris rien au plaidoyer très serré qu'il fit en faveur d'une zone de libre échange agricole européenne. Après avoir massacré son discours, atténué tout ce qui était tranchant, et tourné autour de toutes les ambiguïtés, j'appris que ce monsieur était Danois et compris, mais un peu tard...

Le lecteur se demandera peut-être pourquoi « atténuer ce qui est tranchant » et « tourner autour des ambiguïtés » au lieu de répéter simplement ce que disait ce monsieur ? Je renvoie le lecteur à ce que je disais plus haut : un coup d'œil fait « voir Paul » sur la plage, mais imaginons qu'un animal passe trop rapidement sous nos yeux pour que nous puissions le distinguer : n'ayant pas « compris » ce que nous avons vu, pourrions-nous décrire l'animal de telle sorte que nos auditeurs le reconnaissent alors que nous ne l'avions pas reconnu nous-mêmes ? La perception visuelle est synthétique, me répondra-t-on, alors que votre Danois vous procurait une perception auditive qui vous fournissait dans son déroulement tous les détails que vous auriez pu reproduire à défaut de comprendre le sens général du discours. Eh bien ! nous répondrons qu'à la vitesse du débit oral, personne ne retient les mots d'un passage de plus de deux ou trois minutes, seul le sens passe. A défaut de celui-ci il ne reste donc pratiquement rien et l'interprète qui n'a pas « compris » est aussi impuissant à dire quelque chose de sensé que celui qui a vu quelque chose bouger et peut tout aussi bien supposer qu'il s'agissait d'un serpent ou d'une souris, et évitera par conséquent de se prononcer trop affirmativement ; l'interprète lui aussi ne peut que rendre des approximations et atténuer ce qui serait trop affirmatif.

logique interne du discours

Pour juger de l'exactitude de sa compréhension, l'interprète se fonde sur la vraisemblance de ce qu'il a compris par rapport à ce qu'est l'orateur. Nous avons vu l'importance à cet égard du titre auquel celui-ci se prononce. Mais il est un autre aspect de la vraisemblance qui importe tout autant. C'est la vraisemblance psychologique. Il est des choses qu'il est impensable que quiconque ait pu dire ; l'interprète en tient compte — sans pour autant s'intéresser aux motivations inconscientes de celui qui parle — quelles que puissent être en son for intérieur les réactions que peut éveiller en lui l'orateur.

Ouvrons ici une parenthèse : il nous arrive fréquemment à tous dans la vie courante de ne pas bien entendre les paroles qui nous sont adressées, soit parce que nous sommes trop éloignés, soit parce qu'une voiture passe dans la rue, etc. Des difficultés du même genre ne se présentent hélas que trop fréquemment en interprétation, soit que l'acoustique de la salle soit mauvaise, soit que les appareils de transmission électroniques soient inadéquats, qu'un micro soit mal branché, etc. C'est une difficulté de plus que l'interprète cherche à résoudre en tentant de sauvegarder la cohérence interne du message même s'il n'est pas sûr d'avoir bien tout entendu.

Contrairement à l'orateur qui tient compte, plus ou moins consciemment, de la psychologie de son interlocuteur pour lui adapter son langage, l'interprète est un messager ; il ne sollicite pas de réponse directe et n'a pas à répondre lui-même à la réaction provoquée par le message qu'il a transmis ; il n'a donc guère besoin professionnellement de s'intéresser à la personnalité de ceux qu'il interprète sinon pour la respecter à travers leur message.

Il y a lieu de noter dans le même ordre d'idées qu'en général l'interprète, sachant que l'orateur en sait plus que lui dans le sujet traité, trouve dans ce fait une référence importante qui l'oriente dans son travail de compréhension. Ce qui lui semble, à première vue incompréhensible, doit néanmoins avoir un sens. Il se refuse, par conséquent, à adopter l'attitude du potache qui, devant une version latine, faute de réfléchir suffisamment, écrit des choses qu'il sait absurdes. L'interprète poursuit son analyse jusqu'à la cohérence.

Je me souviens, à ce propos, d'une conférence économique où il avait été dit que la propension des pauvres à la dépense était plus grande que celle des riches. Pour une raison quelconque le sens de cette idée m'avait échappé et j'y voyais une contradiction, contradiction que je me refusais néanmoins à accepter : sachant que les participants aux conférences internationales connaissent d'habitude leur sujet et qu'il était peu probable que l'orateur ait dit une absurdité, je me refusais à la solution de facilité qui consiste à hausser les épaules et à « redire » une stupidité. En cernant le problème dans les limites de la vraisemblance, la notion de relativité s'imposa d'elle-même et malgré l'erreur initiale d'audition ou de compréhension je réussis par le raisonnement à rétablir le sens de l'idée.

but du message

En réunion internationale le message est cybernétique non seulement parce qu'il use d'un langage qui le mène à destination mais aussi parce qu'il vise un but, en l'occurrence la réaction des interlocuteurs ; dire à un interlocuteur quelque chose qui n'ait aucun but serait agir en simple d'esprit. Dire à quelqu'un, hors contexte : « l'arbre est grand » ne peut que provoquer des questions à commencer par « pourquoi dis-tu ça ? ». Dire la même phrase au pied d'un arbre que l'on a décidé d'abattre, à l'ouvrier armé de scies et de cordes, c'est au contraire émettre un message chargé de sens multiples et viser un but que cette exclamation préfigure et dont l'énoncé viendra soit après plusieurs échanges, soit dans la suite du message. Comprendre le message c'est donc avant tout en saisir le but ; ce faisant l'interprète se dote d'un puissant moyen d'analyse de l'ensemble de ce message.

Aussi le but recherché par une intervention intéresse-t-il l'interprète au plus haut degré. Prenons un exemple : La publicité Renault dit que la « Dauphine consomme 6,9 litres aux 100 km à 60 km-heure ». Il est assez naturel qu'un constructeur automobile dise du bien de sa marque dans sa publicité et qu'il choisisse par conséquent pour la vanter une caractéristique favorable. L'interprète qui ignorerait la façon dont fonctionne un moteur de voiture et qui n'aurait jamais entendu parler du rapport entre vitesse et consommation, conscient du but publicitaire comprendrait qu'une consommation d'essence de 6,9 litres aux 100 km est faible par rapport à celle d'autres voitures mais que le seul fait d'apporter une précision à cette indication signifie que la consommation de la Dauphine n'est plus aussi basse à des vitesses différentes de 60 km-heure ; qu'elle varie donc avec l'augmentation de la vitesse, mais aussi avec sa diminution, etc.

Discerner le but que poursuit une intervention constitue donc un facteur important de la compréhension de l'ensemble du message : or s'il n'était pas compris, le message tout entier risquerait d'être « perdu ». Donnons encore un exemple : les parties adverses d'un arbitrage tirent argument de tout ce qui peut favoriser leur cause ; l'auditeur non prévenu entend de longues tirades ou des développements techniques très détaillés ; s'il en ignore le but (l'indemnité à toucher, la pénalité à éviter) il ne peut pas comprendre le sens véritable sous-jacent au message, il ne comprend pas le message.

Enoncer le but suffirait d'ailleurs parfois pour transmettre le message : en consécutive, lorsqu'un président de séance demande à un interprète d'abréger sa « traduction », celui-ci pourrait souvent, s'il ne craignait de vexer l'orateur, lui rendre parfaitement justice en résumant une longue intervention simplement par « X... est d'accord ».

Je me souviens d'un membre du conseil d'administration d'un Consortium franco-allemand qui s'étonnait de retrouver à une réunion minière l'interprète qu'il avait déjà vu à des réunions d'hommes politiques et d'ingénieurs électriciens ; il ne comprenait pas qu'on puisse évoluer avec la même maîtrise dans les domaines les plus différents. Je lui répondis que les connaissances étaient vite acquises lorsqu'on comprenait le but des interventions, en l'occurrence gagner de l'argent. Rattachées à ce principe moteur, les interventions des différents membres du conseil discutant de la congélation du terrain de fonçage d'un puits devenaient faciles à comprendre.

III

L'ANALYSE

Interpréter c'est voir l'image évoquée, prendre position, affirmer que c'est cela que « ça » veut dire, c'est émouvoir quand il le faut. L'interprète de conférence rejoint sur ces trois plans les musiciens ou les comédiens dont l'art ne consiste pas à reproduire ou à répéter mais bien à interpréter pour être fidèle. Il bénéficie par rapport à eux d'une plus grande liberté, puisqu'il ne doit pas frapper la touche voulue par le compositeur ni dire le mot inscrit dans son texte par l'auteur, mais il est en même temps soumis à une plus grande contrainte, car pour dire « la même chose » que l'orateur sous une autre forme verbale, il faut qu'il explore totalement son message.

Sans chercher pour l'instant à savoir la part dans cette exploration, de l'analyse, de la mémoire, de la compréhension, de l'apprentissage ultra-rapide, de l'intelligence... rappelons les circonstances dans lesquelles l'interprète opère : il partage la situation des interlocuteurs et entend les interventions dans leur contexte ; les messages échangés sont tendus vers un but qu'il discerne, le langage est oral, les mots se volatilisent comme les expressions du visage, le sens par contre est rémanent.

interprétation consécutive et simultanée

En interprétation consécutive, l'interprète a l'avantage de connaître le déroulement de l'argumentation avant d'interpréter. Les interventions en réunion internationale (abstraction faite des communications écrites [3]) durent quelques minutes de sorte que l'interprète dispose du recul nécessaire pour les analyser. Son analyse ne néglige aucune des nuances du message et pourtant elle s'effectue à la vitesse d'émission du message, soit en moyenne à 150 mots-minute. Peu d'activités exigent une telle concentration et imposent une telle fatigue !

Aux tout débuts de l'interprétation de conférence il y a une vingtaine d'années, les orateurs proposaient de s'arrêter après chaque phrase pour laisser la parole à l'interprète. C'était une manifestation de la croyance selon laquelle l'interprétation se fait par transposition de mots : l'orateur croyait qu'ainsi l'interprète pourrait se remémorer tous les mots de la phrase prononcée et les traduire. Cependant le

3. Voir : « Pratique de l'interprétation ».

sens d'une phrase unique est rarement clair hors contexte, aussi les interprètes demandent-ils aujourd'hui à l'orateur d'achever son interprétation car souvent la suite du discours éclaire ce qui semblait obscur au début, et précise ce qui restait sous-entendu dans la phrase isolée.

En interprétation simultanée le recul dont on dispose en consécutive fait cruellement défaut. Il semble d'autant plus étrange de prétendre que ce mode d'interprétation est, elle aussi, exploration et compréhension du message. Voyons donc d'un peu plus près ce qu'est la simultanée avant d'examiner les méthodes d'analyse en interprétation en général.

L'observateur est frappé de ce que l'interprète de simultanée fasse deux choses à la fois : entendre et parler. Or ce n'est pas exactement le cas : pour comprendre la simultanée, réfléchissons à ce qui se passe lorsque nous parlons spontanément à haute voix. Notre discours ne procède pas par saccades, nous ne formulons pas tout d'abord dans le silence ce que nous allons dire, pour ensuite nous arrêter de penser lorsque nous énonçons et faire à nouveau un temps d'arrêt après l'énoncé pour formuler mentalement la pensée suivante. Notre discours au contraire est continu, et à bien l'observer, on constate qu'il est fait de *deux temps superposés* ; la pulsion mentale, et l'expression orale qui en résulte ont bien un rapport de cause à effet ; mais dans le temps (et pour schématiser) la parole est énoncée au moment où est conçue la pensée suivante ; au moment où l'on énonce le résultat du processus conceptuel on pense déjà à son développement qui s'exprimera dans la suite de l'énoncé.

En simultanée, l'interprète ne fait presque pas autre chose que lorsqu'il parle spontanément. Il entend la phrase suivante alors qu'il énonce encore l'idée précédente, mais il *n'écoute pas* cette phrase ; ce qu'il écoute c'est la phrase qu'il est en train de prononcer lui-même. Par contre il *entend le sens* de la phrase de l'orateur et c'est ce sens qu'il retient pour l'énoncer immédiatement après. Donc, comme lorsqu'il parle spontanément, les mots qu'il écoute sont ceux qu'il prononce mais la pensée à laquelle il prête attention est celle qui donnera naissance à la parole suivante. *La différence est qu'ici la pensée qu'il va énoncer vient d'un apport extérieur.*

Mais n'est-ce pas là aussi, poussé à l'extrême, un phénomène très général ? Ne peut-on pas aller jusqu'à dire qu'il n'existe pas de pensée totalement individuelle qui soit d'une originalité absolue, qu'en tout état de cause ce que l'on dit n'est que le résultat d'une pensée qui naît elle-même des innombrables apports extérieurs qui ont nourri notre enfance et qui enrichissent notre âge adulte. Le travail de l'interprète n'est par conséquent qu'un cas extrême de la reformulation d'apports extérieurs. En l'occurrence cependant l'interprète de simultanée est déchargé de la tâche immédiate de développement de la pensée qu'il vient d'énoncer ; à cette tâche il substitue l'effort d'analyse et de compréhension du développement de l'orateur. Faire de la simultanée c'est entendre la pensée d'autrui au lieu de la sienne propre, et c'est en même temps parler spontanément, car tout discours consiste à parler en même temps que l'on entend, à ceci près que normalement on « entend » sa propre pensée ; faire de la simultanée c'est substituer une étape à une autre dans la série de processus mentaux que nous connaissons tous lorsque nous parlons spontanément.

C'est la raison pour laquelle, bien enseignée, l'interprétation simultanée peut s'apprendre très rapidement, si l'on sait auparavant la consécutive où s'apprend l'art de l'analyse. Les difficultés de la simultanée ne relèvent pas de la technique interprétative employée, mais de toute une série d'autres aspects que nous analyserons dans le chapitre « Pratique de l'interprétation ». Ajoutons seulement ici qu'elle est trop souvent considérée comme le passage d'un mot à un autre, un certain nombre de mots étant mis en mémoire — sans doute pour éviter les faux amis et ne pas traduire *pain* par *pin* — puis débités dans l'autre langue. Or, pendant les quelques secondes de décalage qui séparent la parole de l'orateur de celle de l'interprète, celui-ci a autre chose à faire que de mémoriser les mots entendus car l'orateur poursuit inlassablement son idée et l'interprète doit faire de même, sous peine de ne traduire que des bribes. Mémoriser ne serait-ce qu'une demi-douzaine de mots détournerait son attention déjà partagée entre l'écoute de sa propre parole et l'audition de l'orateur. Il lui serait impossible de mémoriser un certain nombre de mots tout en énonçant les précédents dans une autre langue ; il est effectivement impossible d'écouter attentivement une chose en en disant une autre ; l'interprète *écoute et dit la même chose* et c'est en évitant l'écueil de la mémorisation verbale qu'il parvient à entendre, c'est-à-dire à comprendre la pensée qui donnera naissance à sa parole suivante. Ainsi l'interprète de simultanée n'est pas un perroquet mais un analyste, « a mind-reader », et sa mémoire n'est *pas celle des mots* de la phrase prononcée par l'orateur mais uniquement *celle du sens* que véhiculent ces mots.

la mémoire

On s'étonnera peut-être de voir traiter le problème de la mémoire dans une section intitulée « comprendre ». C'est que, en interprétation, la mémoire et la compréhension sont indissociables, l'une étant fonction de l'autre.

« L'interprétation consécutive exige une mémoire phénoménale », « a photographic memory » m'ont dit souvent des participants à des réunions internationales après avoir entendu des interprétations consécutives d'une dizaine de minutes ; ils en avaient recueilli l'impression que le souvenir de l'original était conservé, littéral et intact, dans la mémoire de l'interprète. Or, bien que certains interprètes possèdent une excellente mémoire (un des Présidents-fondateurs de l'AIIC, A. Kaminker, était réputé savoir par cœur les deux parties du *Faust* de Gœthe), cette impression est trompeuse car beaucoup en sont complètement dépourvus : ils ne se souviennent pas de numéros de téléphone, ils n'ont pas la mémoire des noms, ils n'ont aucun sens de l'observation et sont incapables d'apprendre quoi que ce soit par cœur. Et pourtant tous, que leur mémoire soit bonne ou mauvaise, rendent en consécutive des discours qui peuvent durer aussi bien 3 minutes que 15 (soit le temps de prononcer 500 à 2 500 mots ou plus encore...) et ce sans résumer, condenser ou paraphraser, sans dire « n'importe quoi » ou être infidèle.

Ce qui sert en interprétation, ce n'est donc pas la capacité d'apprendre par cœur, de retenir des sons, des chiffres, des mots sans suite ou des textes de prose ou de vers. Des études faites sur la mémoire ont déterminé les durées nécessaires à l'apprentissage, le temps que dure le souvenir, la fidélité du souvenir par rapport à l'original, etc. Elles démontrent que moins l'information a de sens, plus elle est longue à mettre en mémoire et plus elle est difficile à retenir ; mais elles prouvent aussi que l'apprentissage par cœur peut être amélioré si on attribue un sens imaginaire aux syllabes ou aux chiffres dénués de sens immédiat.

Cette intervention du sens dans la mémoire nous met sur la voie de ce qu'est la mémoire de l'interprète. Faisons la comparaison entre la mémoire qui permet d'apprendre par cœur un passage de 500 mots et celle qui permet de retenir un film de long métrage. Pour apprendre par cœur un passage de 500 mots, il faudra environ une heure à la même personne qui se souviendra sans effort particulier du film qu'elle a vu. (Elle n'est peut-être pas en mesure de raconter tous les détails de ce film, mais elle sait en tout cas répondre à toutes les questions visant à faire préciser un détail supplémentaire et, pendant quelques heures du moins, elle retient la totalité du film.) Il existe donc en tout cas deux formes de souvenir : le souvenir du sens et le souvenir textuel.

Au premier, il ne faut pas plus longtemps pour

surgir qu'il ne faut pour percevoir l'information elle-même. Au deuxième il faut vingt fois plus de temps et maintes répétitions. (Pour mémoriser 1 500 à 2 000 mots, qui correspondent à 10 ou 15 minutes de discours, il faut plusieurs heures.)

Le souvenir du sens est le résultat de l'analyse ultra-rapide nécessaire à l'appréhension intégrale du message. En effet si notre spectateur retient le film c'est qu'il l'a compris. Certes, comparé à l'interprète, il n'est pas sous tension, mais il est lui aussi concentré car deux de ses cinq sens sont mobilisés. L'information lui parvenant sous une forme en même temps visuelle et auditive le porte tout naturellement à faire attention. D'autre part les différents éléments du film : amour, maladie, voyages, jalousie, ou encore chevaux, sheriff, jeune fille, bon, méchant, il les connaissait avant de voir le film soit par expérience personnelle soit par la lecture, ou la vue d'autres spectacles. Toutes les composantes du film étant connues et seul leur agencement ayant un caractère de nouveauté, la compréhension intégrale de « l'information » lui est facile et de ce fait son souvenir est acquis, du moins momentanément.

Il semble évident que le souvenir du sens est fonction de la compréhension. Si par exemple vous entendez un discours dans une langue que vous ne connaissez pas, vous ne pourrez pas plus le retenir que vous ne le comprendrez. Ainsi l'incompréhension absolue correspond à un oubli synonyme de non-perception, alors que la compréhension est synonyme de souvenir. Pour l'interprète le souvenir qui résulte de la compréhension est d'une importance capitale ; en consécutive bien sûr, où il s'agit de reproduire une fois qu'elles sont achevées des interventions relativement longues, mais aussi en simultanée où il travaille avec un certain décalage par rapport à la parole entendue, comme procède le pianiste dont les mains jouent une mesure alors que les yeux déchiffrent déjà la mesure suivante.

Pour ne pas être tenté d'exercer sa mémoire textuelle qui serait plus un obstacle qu'une aide, l'interprète dissocie immédiatement l'expression linguistique du sens qu'elle confère. Cette dissociation est pour lui capitale puisque sa tâche consiste à exprimer ce qui a été dit dans une autre langue, donc dans une forme[4] entièrement différente de l'original ; il a tout avantage à oublier immédiatement l'expression linguistique originale, puisque ce n'est pas elle qu'il restituera, et à ne retenir que le sens du message avec toute sa précision et toutes ses nuances, de même qu'il ne retient pas le *ton* sur lequel le discours a été prononcé, mais qu'il assimile parfaitement le *sens* que conférait ce ton.

S'il « oublie » les mots originaux du message, s'il se refuse à emmagasiner « bêtement » des centaines de mots prononcés à la suite, c'est parce que l'interprète ne « traite » pas la formulation comme il traite son contenu sémantique. Or, on ne retient quelque chose que si l'on est en éveil, si on en intègre la portée et le sens dans sa propre expérience, bref si l'on accomplit l'acte de réflexion que l'on appelle communément prise de conscience, la

4. Répétons que nous examinons les questions de style dans la section « Exprimer », où nous verrons que le style d'un message se retrouve automatiquement dans la langue d'aboutissement si le message a été parfaitement compris.

mémoire étant beaucoup plus fonction de l'acte à l'égard de l'information que de la perception sensorielle de l'information.

Au moment où parle l'orateur, l'interprète fait donc un effort mental, qui porte parallèlement sur le sens et sur l'expression. Le premier marque le souvenir de façon active, le deuxième laisse un certain souvenir passif de durée assez courte, mais cependant suffisante, pour qu'il reconnaisse, si un interlocuteur les reprend pour y répondre, tel mot ou telle expression utilisés par l'orateur.

Celui qui a parlé et celui qui interprète ont donc un souvenir identique, cela est manifeste lorsque l'orateur comprend la langue dans laquelle son intervention est reproduite : c'est lui le meilleur juge de la fidélité et de l'intégralité de l'interprétation car son jugement ne dépend pas du souvenir formel de ce qui a été dit : ayant oublié les mots qu'il a prononcés, mais sachant encore très exactement le sens de ce qu'il a dit, il entend formuler une nouvelle fois sa démarche mentale et se reconnaît. On le voit alors approuver de la tête, sourire à ses propres subtilités, rire à entendre ses plaisanteries dans la bouche de l'interprète.

Nous voyons donc que la mémoire, en interprétation consécutive, n'est pas autre chose que la compréhension du sens porté par les paroles. Si cette compréhension est complète et exacte, le souvenir de très brève durée nécessaire à la réexpression de l'information est acquis sans qu'il soit nécessaire d'accomplir un effort de prestidigitateur pour la mémoriser.

Il existe d'autre part un rapport entre la rapidité du processus d'assimilation et la durée du souvenir, de sorte que l'information qui a été comprise à la vitesse de perception ne donne lieu qu'à un souvenir à court terme ; il faudrait qu'elle soit repensée et réutilisée un certain nombre de fois pour être retenue de façon définitive ; en fait la différence entre la chose comprise et la chose sue est bien là : l'une est une connaissance momentanée, l'autre une connaissance à plus long terme.

Le souvenir que garde le spectateur du film est de courte durée, à moins qu'il n'y repense et n'en reparle à intervalles rapprochés et fréquents. Le souvenir en interprétation est de courte durée aussi, car une fois terminée sa conférence, l'interprète en fait une autre, changeant le plus souvent de cadre, de sujet, d'interlocuteurs, etc. Cela ne signifie pas qu'il ne lui reste aucune trace du passage de connaissances momentanément acquises. Le souvenir d'une intervention ne s'efface pas de la mémoire de l'interprète comme on efface un enregistrement sur une bande magnétique pour y enregistrer autre chose. Mais, d'actif, son souvenir se fait passif. L'interprète saurait confirmer ou infirmer l'exactitude d'une information entendue en conférence beaucoup plus longtemps qu'il ne saurait la répéter. Aussi pourrons-nous dire qu'à durée d'assimilation égale, la durée du souvenir actif est inférieure à celle du souvenir passif. L'information parfaitement présente à l'esprit au moment où elle est perçue, est repoussée peu à peu vers le souvenir passif, de sorte qu'elle ne peut plus être évoquée spontanément. Nous connaissons tous ce phénomène où tout en étant incapables de retrouver le nom d'une personne que nous cherchons, nous savons néanmoins très bien si celui qu'on nous propose est juste ou non.

La mémoire du sens revêt de même en interprétation soit une forme active soit une forme passive, *la réactivation de la mémoire passive étant une des techniques essentielles de l'interprétation.* Prenons l'exemple de l'interprétation consécutive : l'image que la description a fait naître, le sens que la prise de position a dégagé, le style que l'attention a fixé risqueraient d'être oubliés au moment de la restitution quelques minutes après, si un moyen extérieur ne réactivait pas ce qui est devenu connaissance passive. C'est pourquoi on prend des notes en consécutive : on jette sur le papier quelques points de repère, on note l'essentiel de ce que l'on va dire comme on ferait un nœud à son mouchoir pour se rappeler une chose à faire. La consécutive est un exercice de passage constant du souvenir passif au souvenir actif, tous deux à très court terme. On peut en effet avoir fort bien compris une notion et en avoir par conséquent acquis la connaissance momentanée et risquer de l'omettre complètement si elle ne se présente pas par une association d'idées naturelle au moment de l'exposé interprétatif. Par contre, cette notion pourrait être exposée sans difficulté si un « rappel » la faisait surgir à l'esprit. C'est à cela que sert la prise de notes.

En interprétation consécutive on ne note pas l'information brute telle qu'elle est perçue (la sténographie n'est jamais utilisée), mais le résultat de l'analyse que l'on a faite du sens. En d'autres termes l'interprète note ce qu'il va dire et non ce qu'il entend, tout comme un interlocuteur note brièvement un mot qui lui rappelle l'argument à présenter dans sa réponse : la note est ainsi le moyen mnémotechnique, l'aide-mémoire qui fait renaître le souvenir de ce qui a été compris à l'audition.

La réactivation de la mémoire passive joue aussi d'autre façon : travaillant dans les domaines les plus divers, l'interprète acquiert des connaissances très variées : elles ne sont cependant pas toujours disponibles et il lui faut en réactiver certaines en cours de réunion pour les rendre à nouveau utilisables. Pour comprendre comment il y arrive, il faut garder à l'esprit les circonstances dans lesquelles il travaille : les orateurs se succèdent, il les écoute avec une concentration entière et transforme de la sorte son souvenir passif permanent en souvenir actif momentané. Ainsi s'il y a plusieurs mois qu'il n'a pas travaillé à une réunion consacrée aux tôles magnétiques, il a l'impression de ne plus rien en savoir jusqu'au moment où, en entendant parler les orateurs, il se souvient de ce qu'il avait compris la fois précédente et réactive ainsi une connaissance qui facilite sa compréhension du nouveau discours.

La connaissance des *matières* n'est pas seule en interprétation à être soumise à cette réactivation ; les interprètes acquièrent avec les années, un immense vocabulaire technique, ils ont ainsi la connaissance *de mots* qui possèdent, dans un contexte déterminé, un équivalent dans l'autre langue[5]. Or on ne se souvient pas activement de tous les mots dont on se sert occasionnellement, et de leur équivalent dans les autres langues. Les inter-

5. Voir dans la section « Connaître » : « Langues », les « mots traduisibles ».

prètes ont beau établir des fiches classées par organismes internationaux sur lesquelles ils inscrivent ce vocabulaire, ils n'ont en mémoire active qu'une petite partie de ce lexique. Le reste est refoulé dans la mémoire passive et ne se présente pas toujours à l'esprit quand le besoin s'en fait sentir.

Combien de fois par exemple ai-je dû, en métallurgie, expliquer par une circonlocution le « scales » anglais ou le « Seigerung » allemand, ma mémoire semblant particulièrement réticente à me fournir « calamines » et « ségrégation ». Cependant le savoir équivalant à une mémoire passive beaucoup plus persistante que la mémoire active, dès qu'une intervention française mentionnait ces deux termes je savais avec certitude qu'il s'agissait des équivalents de « scales » et de « Seigerung ». La réactivation alors est simple — il suffit à l'interprète de réentendre un terme pour s'en souvenir jusqu'à la fin de la réunion.

Reste pour l'interprétation consécutive, le cas des termes comme les noms propres, les intitulés, certains chiffres pour lesquels l'analyse n'est d'aucun secours ; si l'on s'attachait à les retenir ce serait un exercice de mémorisation textuelle, dangereux pour l'effort d'analyse indispensable par ailleurs. Ces mots ne sont donc pas retenus mentalement, mais par écrit ; ils constituent une partie importante des notes que prend l'interprète.

Mais s'il est exact que les circonstances dans lesquelles l'interprète opère se prêtent à la compréhension du message et que la mémoire à laquelle il a recours n'a rien d'exceptionnel, il n'en reste pas moins que l'acte de compréhension de l'interprète n'est pas uniquement une réaction spontanée ; c'est aussi une action délibérée qui repose sur une méthode.

la compréhension spontanée

Pour voir en quoi consiste cette méthode, reprenons notre exemple de reportage radiophonique d'un événement sportif. Le reporter voit ce qui se passe, le comprend et l'exprime. La perception visuelle de l'information est réduite à son sens, et celui-ci est exprimé verbalement. La réduction de l'information visuelle à son sens est un processus des plus courants et en même temps des moins conscients qui soient. On a l'impression de « voir Paul », en fait on voit une forme, des couleurs, des mouvements. Seuls les peintres s'attardent sur cette perception visuelle, les autres comprennent avant d'avoir fini de voir ; ils télescopent inconsciemment leur perception visuelle et leur connaissance préalable de Paul et ont l'impression d'avoir « vu Paul ». A peine perceptible, ce processus est parallèle à celui de la réduction de la perception auditive à son sens. L'interprétation apporte la preuve quotidienne que la « compréhension » n'est pas autre chose que cette réduction de l'information au sens, exprimable ensuite dans n'importe quel code de communication. Si on entend un bruit dans le ciel, on comprend que c'est un avion qui passe ; le choix de l'expression dépendra de la langue des interlocuteurs, du rapport entre l'information perçue et la situation où se trouve l'orateur, etc. Dans ce cas le lecteur voudra bien admettre qu'*un même sens peut donner lieu à autant d'expressions qu'il y a de langues sur terre et de contextes où se situe le message.* On voudra bien admettre selon le même raisonnement que toute expression verbale, quelle que soit la langue utilisée, est réductible au sens du message qu'elle exprime. Ainsi l'interprétation est-elle un processus triangulaire et non pas un processus direct de langue à langue. L'information reçue est réduite à son sens (stade de la compréhension) puis ce sens est exprimé dans une autre forme linguistique (stade de l'expression).

Pour parler de manière imagée nous dirons, si l'interprète travaille de français en anglais, qu'il réduit en chiffons le vêtement français, le carde puis reconstitue à partir de la laine ainsi obtenue un vêtement anglais. En d'autres termes, avant de réexprimer ce qu'il entend, l'interprète transforme en pensée non formulée, la pensée formulée par autrui. Cela fait, rien ne s'oppose plus à ce qu'il exprime cette pensée qui est devenue sienne, aussi spontanément qu'il exprime ses propres idées en dehors de l'exercice de son métier.

En cela le processus de l'interprétation n'est pas de nature différente du processus courant que connaît chaque être humain lorsqu'il formule sa pensée. La démarche mentale de l'interprète relève d'une pratique quotidienne. Il se sert de la faculté qu'a tout être humain de comprendre un nombre infini de choses et de les emmagasiner sous une forme non verbale (ce qui n'a rien à voir avec la faculté de mémorisation des mots, l'apprentissage par cœur), puis d'exprimer pensées et concepts sous une forme verbale qui se constitue spontanément lorsqu'elle est orale et disparaît tout aussi vite. Une bonne part de la méthode interprétative relève donc d'un processus mental spontané qui est le processus parole—pensée. En en poussant un peu l'examen nous avons pu constater que ce processus est réversible. Or, ce processus inversé, à notre sens, c'est la compréhension ; qu'est-ce que cela signifie ? que les paroles « je vois Paul » entendues par un tiers sont *comprises* parce que ce tiers réduit ce nom de Paul à une image mentale floue, qu'il passe donc de l'expression verbale à la pensée pour comprendre ce qui lui est dit.

En poussant encore un peu l'examen du rapport pensée—langage, nous trouverons une autre similitude avec l'interprétation. Nous avons évoqué le processus pensée—parole, et le processus inverse parole—pensée ; or, ni la pensée, ni la parole ne sont statiques. Le mot, nous l'avons vu, évoque un immense champ sémantique, la pensée inversement trouve maintes et maintes paroles pour s'exprimer. Si on analyse ce dynamisme d'un peu plus près, on se rend compte qu'il y a une interaction constante entre la parole et la pensée. Toute personne qui s'exprime trouve dans les mots qu'elle utilise des évocations qui inspirent sa pensée, la précisent et la développent. Toute parole est donc en même temps *expression de la pensée* et *génératrice de pensée.* Il existe un va-et-vient constant entre la pulsion des pensées qui se traduit par la parole et entre celle-ci et la nouvelle pensée qu'elle suscite à son tour, de sorte que le discours est le résultat de ces va-et-vient entre la pensée informe et la parole. Par rapport à ce processus pensée—parole—pensée, la particularité de l'interprétation consiste uniquement en ceci que l'interprète avant de formuler « sa » pensée, fait sienne celle d'autrui en la comprenant. Nous pouvons dire qu'interpréter est un processus parole—pensée—parole où la première parole, celle de l'orateur, est réduite à une pensée interprète, qui est à nouveau transformée en parole par celui-ci.

La compréhension de l'interprète est possible de deux manières : il y a le processus spontané et l'acte délibéré. Le premier que nous venons d'analyser est essentiellement fonction du degré d'intelligence de l'interprète et du degré de conscience qu'il a de la méthode à appliquer (car l'interprète qui s'efforcerait de faire du mot à mot entraverait et inhiberait la spontanéité de sa compréhension) ; dans une moindre mesure il est fonction aussi de la similitude de la structure mentale de l'interprète et de l'orateur (l'interprète comprend d'autant plus facilement qu'il a des affinités avec la forme d'esprit de l'orateur, que le raisonnement qu'il entend lui semble plus logique).

Si intelligible que soit un message, il n'est intégralement compris qu'avec le concours de celui auquel il s'adresse. Pour cela il faut que celui-ci veuille bien l'accepter, l'accueillir et fasse une partie du chemin à sa rencontre.

Or, le cheminement vers le message de l'auditeur passif (comme l'est par exemple l'auditeur d'une conférence publique) est inégal. Certaines parties du message ne « l'intéressent » pas et passent inaperçues. D'autres le frappent et retiennent son attention pendant un certain temps de sorte que certains éléments de l'information passent à leur tour inaperçus. Quant à celui qui n'est pas auditeur passif, l'interlocuteur en conférence, appelé à répondre aux interventions, il écoute ce qui se dit en préparant mentalement les arguments qu'il développera pour infirmer ou confirmer ce qu'il vient d'entendre ; les arguments entendus deviennent prétexte à développer des idées personnelles, aussi son attention est-elle partagée : elle se porte simultanément sur ce qu'il entend et sur ce qu'il va dire ; il laisse passer certaines choses banales ou au contraire trop inattendues et en relève d'autres qui le font réagir. Cette réaction oriente l'attention sur telle perception plutôt que sur telle autre, s'en empare pour l'analyser et y répondre, et constitue une concentration spontanée sur certains points. De ce fait l'interlocuteur se souvient de ce qui l'a intéressé et qui est le point de départ de son argumentation personnelle. Il ne retient que les points dont il a fait un tremplin pour sa propre pensée ; le souvenir de ce qu'a dit « l'autre » est en fait fonction de sa propre réaction.

Ces rapports entre orateurs et interlocuteurs relèvent du processus que nous décrivions en disant que la parole est génératrice de pensée. Elle l'est aussi bien quand elle est parole propre que lorsqu'elle vient d'autrui. Ce processus correspond à la *compréhension spontanée,* qui permet le dialogue même si une partie du message passe inaperçue.

Il en va tout autrement de l'attention de l'interprète. Ce qui est normal pour le dialogue ne le serait pas en interprétation, car l'interprète qui s'intercale entre les interlocuteurs doit appréhender et comprendre *tout* le discours pour le retransmettre sans rien omettre, rien fausser, rien ajouter. Ce n'est qu'en transmettant ce *tout* à l'interlocuteur qu'il lui donne la possibilité d'y puiser ce qui l'intéresse et qu'il permet au dialogue de s'instaurer.

Pour comprendre ce tout, le processus spontané est insuffisant. Il faut que l'interprète analyse délibérément la totalité du message, rapidement certes et de façon plus intuitive que verbale mais intégralement. Pour ce faire il dose son activité mentale : il laisse surgir suffisamment d'associations d'idées pour comprendre réellement le message mais il ne les développe pas au point de poursuivre ses propres idées. Il fait porter son attention sur toutes les nuances de l'énoncé et ce faisant refoule le développement des réflexions qu'elles suscitent. S'il ne faisait pas cet effort conscient pour écouter tout ce qui est dit, s'il n'écoutait que ce qui l'intéresse, il est évident qu'il « n'entendrait » pas la moitié de ce qui est dit. Cette capacité d'écoute concentrée, accompagnée nous l'avons vu de l'analyse immédiate qui réduit le langage au sens du message, est une des nécessités les plus importantes de l'interprétation de conférence et un des dons les plus rares. Elle évite à l'interprète de réagir à l'instar des interlocuteurs qui laissent passer inaperçues certaines parties du message. Si l'interprète se contentait de la seule compréhension spontanée, il transmettrait un message tronqué, dont les accents auraient été déplacés en fonction de sa propre optique.

Si par contre il se refusait à toute association d'idées et renonçait par conséquent à l'analyse, c'est un littéralisme approximatif qui se substituerait à l'interprétation, et le message mal dégrossi qui parviendrait aux interlocuteurs les obligerait à un effort de reconstitution du sens qui les empêcherait de réfléchir à ce qui est dit, et donc d'y réagir.

Ainsi l'interprète fait un chemin très considérable à la rencontre du message. Il en analyse chaque élément et ce n'est que sur le plan du détail qu'il reprend la liberté de garder ce qui est intéressant et de rejeter ce qui ne l'est pas : redites, lapsus, etc.

La densité de message qu'il appréhende est beaucoup plus considérable qu'elle n'apparaît à l'auditeur. Cette appréhension totale exige une *concentration* peu commune, c'est-à-dire un choix délibéré parmi les perceptions sensorielles et leurs développements mentaux dont certains sont retenus et d'autres refoulés. C'est le propre de la concentration. Parmi la demi-douzaine de perceptions et d'idées que notre esprit traite simultanément dans la vie courantes en toutes circontances, un choix se fait spontanément, la priorité étant accordée, au détriment des autres, à l'information qui présente l'intérêt le plus vital. Que ce soit une conversation qui se déroule sur le fond sonore d'une radio qui joue sans pénétrer la conscience de ceux qui parlent, ou inversement la sonnerie du téléphone qui interrompt une conversation, nous sommes habitués à éliminer certains « bruits » pour nous concentrer sur d'autres qui nous intéressent plus directement. Dans le cas de l'interprétation, l'interprète arrive à traiter par priorité sur ses propres pensées et sur d'autres perceptions concomittantes les informations qui lui parviennent parce qu'il se trouve dans un *état de contrainte*. Il faut en effet souligner que le meilleur interprète ne serait pas capable de faire « à froid » ce qu'il réussit en séance. Il ne faut pas oublier que ceux à qui l'interprète s'adresse sont présents, qu'il les voit, que c'est à eux qu'il va devoir parler, qu'en consécutive il devra faire son interprétation dès que l'orateur aura achevé son intervention et qu'en simultanée il devra ouvrir son micro dès que l'orateur commence à parler. Cet élément est en soi une source de trac qui aurait un effet paralysant sur beaucoup, alors que pour l'interprète c'est un stimulant qui lui permet d'accomplir en quelques secondes le travail intense d'analyse et de découverte de l'implicite, cet acte mental exceptionnel par la brièveté de temps dans laquelle il s'opère, et qui apparente l'interprétation à l'acte d'invention de la pensée spontanée.

En outre, le public auquel l'interprète s'adresse n'est pas, *a priori, confiant* ou même seulement *bienveillant*. L'interprète ne jouit d'aucun des titres qu'ont ceux qui s'imposent d'habitude à un public ; l'enseignant qui s'adresse à des étudiants est paré du prestige que lui confère sa position ; le conférencier qui fait un exposé a un avantage psychologique double : celui d'en savoir plus que ses auditeurs et celui de s'adresser à un public venu l'entendre volontairement.

L'interprète, lui, sait que ceux qui vont l'écouter

n'auront conscience que des difficultés de vocabulaire qu'il risque de rencontrer et que le reste du processus leur échappera la plupart du temps complètement ; qu'ils auront tendance à beaucoup plus admirer l'interprétation consécutive d'un discours de banquet que la restitution, en simultanée, des interventions les plus complexes dont ils seront d'autant plus critiques que le sujet leur sera familier. Cette situation de relative infériorité augmente encore la tension dans laquelle l'interprète travaille ; devant s'imposer, il réussit en quelques fractions de secondes des analyses pour lesquelles il lui faudrait à lui aussi, hors séance, infiniment plus de temps !

Les étudiants en interprétation se heurtent, lors de l'apprentissage de leur métier, à de nombreuses difficultés : soit qu'une idée les déroute par son originalité ou que le langage en soit trop hermétique, soit que le trac les paralyse ou inversement qu'ils ne se concentrent pas suffisamment sur ce qu'ils entendent ; nous en donnerons deux exemples.

A un examen d'interprétation les étudiants devaient interpréter un discours de Pierre Mendès-France qui contenait le passage suivant : « *Partout où il y a action collective* : BATAILLE, *construction d'un immeuble, organisation d'une entreprise privée ou publique... il faut un plan pour déterminer les conditions d'exécution les meilleures — sinon c'est le gaspillage et finalement l'échec.* »

Ce texte fut interprété six fois dans la matinée et aucun des étudiants ne rendit le mot « bataille ». Comment leur reprocher cet oubli ! le mot eût été d'une facilité extrême à traduire s'il avait été figé par un texte écrit ; dans une interprétation orale il était trop inattendu dans le contexte pour être compris par des jeunes sans grande expérience. Les étudiants interrogés par la suite se souvenaient tous de l'avoir entendu, mais « bataille » évoquant pour eux une idée de conflit et non de solidarité, ils n'avaient pu le rendre faute de l'avoir compris, et ils ne l'avaient pas compris faute de l'avoir associé correctement. Ajoutons que nous voyons dans cet exemple une preuve éclatante du processus triangulaire de l'interprétation : parole—sens—parole qui fait que l'on exprime un sens et non un mot. En l'absence de compréhension le mot « bataille » n'a pas pu être exprimé.

Le second exemple est celui de jeunes Tunisiens écoutant un instructeur agricole américain. Celui-ci leur exposait les qualités et connaissances nécessaires à un bon vulgarisateur agricole. Il énuméra successivement six facteurs de succès, de la connaissance des sols jusqu'à la pathologie des animaux, en passant par la foi (« *Faith in God* »). Aucun de ces jeunes gens, tous de formation française, ne put répéter ce « Faith in God », trop inattendu pour eux dans le contexte. Interrogés, ils se souvenaient bien avoir entendu « Faith in God », mais ils ne l'avaient pas *compris.*

La perception auditive d'une information ne suffit donc pas pour qu'elle soit intégrée dans le discours. L'analyse interprétative exige une cohérence de l'ensemble des éléments. Interpréter c'est donc pousser l'analyse jusqu'au point où la cohérence s'étend à l'ensemble du discours de sorte que rien n'en soit omis.

rattachement à des connaissances préalables

Nous avons dit que comprendre en interprétation, c'est réduire le langage au sens qu'il véhicule, qu'entendre le nom de « Paul » c'est voir confusément l'image conceptuelle de Paul. Nous avons dit ensuite qu'interpréter c'est comprendre l'intégralité du discours par un acte mi-spontané, mi-délibéré. Essayons maintenant de voir comment s'opère le passage du langage au sens. Revenons à l'exemple de Paul déjà utilisé, et analysons le processus qui fait croire que l'on voit Paul. On voit une forme, alors que *l'on sait* que cette forme correspond à celle de Paul. Pour *dire* que l'on voit Paul, on rattache l'information nouvelle à des connaissances anciennes ; s'il y a identité entre l'information reçue et la connaissance antérieure, le rattachement est direct et la compréhension équivaut à une *re-connaissance.* S'il y a un trop grand écart entre l'information et les connaissances antérieures, le rattachement n'est pas possible, et il y a incompréhension. (Si vous ne connaissez pas Paul avant de le voir, vous ne saurez pas que c'est Paul que vous voyez.) La compréhension rattache l'information à des connaissances voisines ; si celles-ci sont absentes, l'information passe inaperçue. L'énorme effort d'analyse de l'information qui est accompli en interprétation découle de la nécessité d'appréhender l'intégralité du message, et par conséquent de rattacher bien des informations à des connaissances relativement distantes d'elles.

Toute information évoque un vaste champ sémantique, nous l'avons vu dans l'exemple du plombier. Il y a *re-connaissance* si le champ sémantique évoqué chez l'auditeur par la parole de l'orateur coïncide avec le sien ; il y a invention ou découverte si la bande de recoupement est mince et s'il faut reconstituer l'ensemble du champ sémantique à partir de la petite part qu'on en possède. L'analyse interprétative ne va pas aussi loin que la découverte, mais elle va dans la même direction.

Il n'est pas nécessaire de découvrir la totalité du champ sémantique, mais il faut en découvrir une part suffisante pour comprendre l'information entendue. Il est possible par une construction logique, de pousser bien au-delà de la compréhension spontanée, et de rattacher des informations à première vue incompréhensibles à des connaissances qui se situent parfois dans des domaines bien différents. On se rend très vite compte, lorsqu'on enseigne l'interprétation, qu'un étudiant qui dit : « Je ne comprends pas » en entendant un texte technique, veut, en fait, dire : « je ne sais pas de quoi il s'agit » ; il refuse tout naturellement l'effort inhabituel qui consiste à faire en quelque sorte œuvre de vulgarisation par rapport à soi-même à partir de l'information. Œuvre de vulgarisation très particulière certes, puisque celui qui l'effectue constitue à lui seul le *vulgus* ; mais le terme définit bien la façon dont on peut rattacher les notions les plus spécialisées à des connaissances souvent élémentaires en la matière. Prenons un exemple, celui du projet d'avion Concorde : l'homme de la rue entend dire que cet avion franchira l'Atlantique en trois heures : pour que l'information ait pour lui un sens quelconque, il faut qu'il ait déjà auparavant une idée de l'ordre de grandeur de la durée actuelle du voyage transatlantique en avion. C'est à cette connaissance préexistante qu'il rattachera l'information nouvelle : c'est l'évocation de la durée actuelle du voyage qui lui permettra en une fraction de seconde de comprendre que le Concorde sera beaucoup plus rapide que le Boeing 707. S'il n'avait eu aucune connaissance préalable, il n'aurait pu tirer cette conclusion et le message serait pour lui resté lettre morte.

Prenons un autre exemple. On apprend en conférence que la récolte de blé en URSS a été mauvaise. On l'ignorait. Cette connaissance nouvelle permet de comprendre pourquoi la réunion semble prévoir une baisse du prix de l'or au Stock Exchange de Londres : l'interprète *sachant* que l'URSS produit de l'or, *apprenant* que sa récolte de blé a été mauvaise et que l'on prévoit une baisse de l'or, comprend : 1° que l'URSS est en train d'acheter des céréales avec de l'or ; 2° pourquoi on prévoit cette baisse de l'or. Cette compréhension devient une connaissance qui servira à son tour à la compréhension des informations suivantes.

Lorsque nous disons qu'analyser pour comprendre c'est rattacher l'information perçue à des connaissances antérieures, nous entendons par connaissances toutes choses sues, même si leur acquisition date de la minute précédente. On peut donc dire que toute information, une fois comprise, correspond à une acquisition de connaissances qui permet à l'interprète de développer son analyse. En effet, bien que l'orateur ne soit pas un pédagogue s'adressant à des étudiants et progressant peu à peu du connu vers le moins connu, mais au contraire un spécialiste s'entretenant avec des collègues, son message contient toujours des informations qui se prêtent à cette acquisition de connaissances.

Ainsi de proche en proche, d'informations comprises en informations analysées, l'interprète acquiert en cours de réunion les connaissances momentanées qui lui permettent de réduire peu à peu l'écart qui séparait au début les informations émises de ses propres connaissances et de ramener son effort d'analyse à des proportions plus raisonnables.

Dans son analyse, l'interprète ne se borne d'ailleurs pas à rattacher le message à des connaissances ; *il en analyse aussi les rapports internes.* Il sait qu'il ne peut avoir compris le message que si celui-ci lui apparaît de façon cohérente. Racontons à ce propos une histoire qui a couru parmi les interprètes au moment des troubles du Congo-Kinshasa : un avion de l'ONU tourne pendant une heure au-dessus d'un terrain d'atterrissage au Congo. L'un des passagers, interprète, demande à l'officier de liaison belge ce qui se passe ; celui-ci répond : « Le pilote ne *sait pas atterrir.* » L'interprète ignore cette tournure belge (*savoir* utilisé dans le sens de *pouvoir*) et croit à l'incompétence du pilote. Mais sa terreur est vite dissipée par l'analyse-éclair qui lui fait conclure que puisqu'il a su décoller le pilote doit aussi savoir atterrir. Comprenant que c'est l'expression inhabituelle qui l'a induit en erreur il demande alors et il tombe juste : « La piste n'est pas libre ? »

L'acte délibéré de compréhension ne néglige même pas les informations qui paraissent les plus banales : lorsqu'on dit qu'un « spoutnik » atteint son apogée à 750 km de distance de la terre sur l'orbite qu'il décrit autour du globe, l'interprète ne laisse pas passer ce chiffre sans le *comprendre*, c'est-à-dire sans voir son ordre de grandeur ; en établissant par exemple une analogie, aussi approximative soit-elle, avec la distance de Paris à Toulouse ; il ne risque plus ainsi lorsqu'il transmettra l'information de se tromper « bêtement » en disant 75 ou 7 500 km.

L'analyse fait à tel point partie de la démarche mentale de l'interprète qu'il finit par en faire usage en toutes occasions, mettant par exemple en doute, sur le plan de la simple logique, la vraisemblance d'une information parue dans le journal ou n'ayant de cesse qu'il n'ait compris telle manifestation d'une culture étrangère. Je me souviens d'une réunion à Addis-Abéba quelque temps après la visite officielle de la Reine d'Angleterre en Ethiopie. Un des participants au congrès racontait hors séance qu'à cette occasion, des arbres immenses avaient été dressés tout au long de la route empruntée par la souveraine, et ajoutait avec un sourire de dénigrement, que trois jours après les arbres étaient fanés et que la Reine ne s'y était sûrement pas trompée. Je fus amusée par la réplique d'un de mes collègues qui fit observer que la bordure d'arbres avait sans doute été prévue plutôt qu'un trompe-l'œil du genre des villages de Potemkine, comme un hommage à la reine, un genre de grandissime bouquet de fleurs... Cette explication semblait logique et c'est elle qui se révéla juste. Ainsi l'interprète se promène-t-il toujours sur la corde raide de la logique et de la vraisemblance.

prise de position de l'interprète

L'analyse du message comporte souvent un autre facteur de compréhension : la prise de position intérieure de l'interprète à l'égard des arguments avancés.

Cette prise de position n'a pas besoin d'arguments élaborés pour se défendre. La pensée d'un interprète ne s'extériorise pas, elle peut donc être radicale, et le jugement qu'il porte est souvent brutal, aussi brutal que les notes que l'on inscrit en marge d'un livre pour marquer les passages qui plaisent ou qui déplaisent particulièrement. C'est ce jugement qui marque la compréhension et permet de faire le pont entre l'argument que l'on entend et les connaissances antérieures.

Afin de mettre en lumière ce mécanisme, examinons cette prise de position sur un exemple concret. Le passage suivant a été puisé dans un exposé fait au cours d'une conférence sur la formation des journalistes : « *On peut s'étonner, et beaucoup n'ont pas manqué de le faire, que le recrutement de l'*UN DES MÉTIERS LES PLUS COMPLEXES ET LES PLUS CHARGÉS DE RESPONSABILITÉS SOCIALES *ait été, et soit encore, abandonné au hasard, qui opère parfois une véritable sélection à rebours.* »

Nous n'analyserons ici que la manière dont l'interprète peut parvenir à retenir les deux qualificatifs du métier qui conditionnent le sens de l'ensemble du message :

1° l'un des plus complexes,

2° l'un des plus chargés de responsabilités sociales.

L'interprète peut, par exemple, être d'accord sur le premier terme (« l'un des métiers les plus complexes ») car il ressent une certaine similitude entre le métier d'interprète et celui de journaliste. Cette simple prise de position par rapprochement avec son métier lui suffira pour se rappeler ce qui a été dit. Admettons par contre qu'il ne soit pas d'accord sur le deuxième terme (« les plus chargés de responsabilités sociales ») ; supposons qu'à ses yeux le journaliste, n'étant pas dans l'action et n'ayant pas de décision à prendre, n'est nullement responsable, et que comparé à l'homme politique dont les propos sont déjà de l'action, il estime que le journaliste tire justement avantage de son irresponsabilité pour dire ce qui lui plaît. Même en supposant qu'il ne pousse pas son analyse jusqu'au bout c'est en constatant son désaccord, en prenant position de façon négative sur les paroles de l'orateur, qu'il sera sûr de reproduire exactement la pensée de celui-ci car il aura réagi vis-à-vis d'elle en prenant parti.

Ainsi donc, en prenant position pour ou contre ce qu'il entend, il comprend plus à fond l'argument, s'en souvient et peut le restituer. L'analyse effectuée par l'interprète, les raisons de son accord ou de son désaccord, ne risquent pas de transparaître, car plus l'analyse est poussée, plus il a pris conscience de ce qui a été dit, et plus il est maître de la distinction entre sa propre pensée et celle d'autrui. Quelquefois le désaccord peut prendre la forme d'un point d'exclamation mental, ou l'accord celle de l'amusement ; mais jamais en interprétation un argument ne saurait rester neutre, sous peine d'être oublié ou retransmis sous une forme faussée.

Lorsque l'on observe des interprètes au travail, on constate qu'ils ressentent parfois le besoin d'exprimer les jugements qu'ils formulent mentalement, de faire une note en marge de ce que dit l'orateur ; celui qui travaille se tourne vers son collègue et lui chuchote un commentaire que celui qui est au repos ne comprend d'ailleurs pas en général, faute de suivre l'orateur aussi attentivement !

C'est dans l'analyse du raisonnement abstrait, du message argumentatif, que l'interprète justifie le plus le titre qu'il porte en faisant pour lui-même l'exégèse du message avant de le transmettre. Mais parmi tous les échanges qui ont lieu en conférence internationale, l'interprète n'a pas seulement affaire à des abstractions. Le style *descriptif* abonde et l'effort de compréhension d'une description n'est pas le même que lorsqu'il s'agit d'une spéculation intellectuelle ; il ne s'agit plus alors d'analyser mais de *voir*.

évocation d'images

Imaginons que nous ayons à interpréter le passage suivant : « Le sifflement de plus en plus intense des réacteurs annonçait l'approche de l'avion présidentiel. Enfin la « Caravelle » se posa gracile et légère. Le soleil rutilant faisait étinceler les ailes de l'avion. Il sortit les traits tirés par la fatigue et salua de la main la foule bigarrée que la curiosité avait attirée au terrain d'atterrissage. »

Il n'y a pas grand-chose d'autre à comprendre que l'arrivée d'un président ; l'interprète se trouve là devant une description dont tous les éléments sont connus ; seul leur agencement nécessite une certaine attention. La description elle-même peut être réduite en images sans aucune difficulté.

L'image mentale de l'interprète qui évoque avec un grand luxe de détails avion, soleil, aérodrome et foule en entendant la description originale, lui permet de ressusciter l'image première dans l'autre langue sans retenir les mots qui la décrivaient. Son expérience de soleil et de chef d'Etat ne correspond sans doute pas à la réalité du fait décrit, mais elle suffit pour lui permettre d'exprimer une image qui suscitera chez ses auditeurs la même impression que s'ils avaient entendu l'orateur lui-même.

Ainsi, l'image à laquelle l'interprète réduit les mots qu'il entend, est teintée de sa propre expérience et ne correspond pas totalement à celle qui avait inspiré les mots de l'orateur. Il est néanmoins certain que cette image conceptuelle de l'interprète, transformée à nouveau en paroles, évoquera chez un nouvel auditeur une image, teintée elle aussi de l'expérience de ce dernier, mais qui peut parfaitement être identique à celle qu'il aurait évoquée s'il avait entendu l'original.

L'« image-interprète » risque d'être d'autant plus différente de celle que concevait l'orateur que l'interprète est éloigné de la connaissance spécialisée de la matière traitée qu'ont les interlocuteurs. La rigueur avec laquelle l'interprète effectue son analyse est cependant suffisante pour que l'auditeur évoque l'image originale en entendant l'interprétation. Il est aidé en cela par le fait qu'il appartient au même secteur de connaissances que l'orateur. Expliquons-nous : Si un archéologue dit à un collègue : « J'ai découvert un très beau bracelet dans une tombe punique », l'interprète qui n'aurait jamais vu de fouilles évoquera sans doute des images de tombes et de bracelets très différentes de ce que sont en réalité une tombe et un bracelet puniques. La formulation de ces images fera néanmoins renaître chez l'auditeur archéologue une image exacte.

Ainsi l'image qu'évoque l'interprète pour comprendre n'est pas forcément identique à celle que voit l'orateur, mais c'est cette évocation qui lui permet de restituer exactement « l'image-orateur ».

Les mots de l'orateur font surgir, par association, une image dans l'esprit de l'interprète, ou lui rappellent une fonction, un rapport de cause à effet, etc. analogues à ceux qu'il entend et qui permettent par assimilation de comprendre l'inconnu dont une fraction seulement est explicite dans les paroles de l'orateur.

Mais s'il comprend, l'interprète reste néanmoins auditeur ou tout au moins ne se fait interlocuteur qu'*in petto*. Il ne porte pas de conclusions sur la justesse de la thèse présentée car il est dans l'ignorance des tenants et des aboutissants et ne se sert de l'analogie qu'il établit que pour reconstituer l'argument qu'il a entendu.

La méthode qu'exige l'interprétation d'un message descriptif, c'est-à-dire l'imagination visuelle, est relativement facile à appliquer à condition que l'objet décrit, ou un objet analogue soit connu. La compréhension d'un message descriptif exige donc des *connaissances plus grandes* que celle d'un argument : mais elle repose sur une méthode moins ardue, car elle n'exige pas une analyse aussi poussée.

Il y a une autre forme de description qui se prête moins facilement à l'évocation d'images, c'est celle d'une *succession d'événements* dont aucun n'est décrit avec des images détaillées. Dans ce cas, on s'attache à comprendre les étapes successives du déroulement des faits exposés. Ainsi, si l'on dit « que la famille G... a fait fortune en Algérie, qu'elle a rapatrié ses fonds au moment des événements pour fonder une maison d'édition à Paris, qui a commencé en 1962 la publication d'une revue qui, de trimestrielle, est devenue mensuelle en janvier 1964... » la vision ne sera pas synoptique mais décomposée en suite d'images très rapidement ébauchées et reliées par des rapports de cause à effet dans les étapes.

Evocation d'images, relevé des étapes, voilà en quoi consiste, pour le discours descriptif, l'effort délibéré qui permet de s'intéresser activement à ce qu'on entend, et d'aller de ce qu'on entend à ce que l'on sait pour comprendre. En tout état de cause il est indispensable que l'interprète réagisse activement à chaque étape de l'énoncé pour pouvoir le reproduire fidèlement dans l'autre langue.

observation du style

Mentionnons pour mémoire un autre type de discours, celui qui exprime l'émotion : faire rire, faire plaisir, remercier, faire un éloge... Ce sont les « discours de table », les ouvertures d'exposition, les éloges funèbres, ce que les interprètes appellent le « bla-bla ». C'est ce qu'il y a de plus difficile à analyser car il n'y a guère plus à comprendre que le but recherché par celui qui parle. Au lieu de relever la cohérence d'un argument, de chercher à voir des images, l'interprète fait porter son attention sur les motivations et sur la forme utilisée. Il s'attache alors à relever telle épithète, à noter que le discours emprunte telle forme pour se faire aimable, telle autre pour critiquer. C'est un genre de discours où la nuance de style compte beaucoup.

C'est le type de discours où l'interprète à ses débuts se fie le moins à sa mémoire, où il a le plus recours à des notes pour retenir. Mais c'est également là que l'interprète aguerri connaît d'expérience un certain nombre de formules toutes faites qu'il a entendues si souvent dans un contexte ou dans un autre que la traduction s'en présente spontanément à son esprit.

Il faut rappeler que la distinction entre les différents types de discours n'est jamais aussi nette en pratique que ne le fait apparaître cette analyse. Il serait difficile d'imaginer un discours de table où il ne soit pas nécessaire, en plus de l'analyse des motivations et de l'observation de la forme qui prédomineront sans doute, d'évoquer une image et de prendre position sur un argument. Inversement, on ne peut imaginer de discours argumentatif qui ne soit sous-tendu de quelque forme d'émotion, ou de discours descriptif qui ne comporte quelque enchaînement de pensées.

En fait nous avons dissocié pour les besoins de l'analyse des composantes qui se retrouvent avec un dosage différent dans presque tous les discours. Les différentes formes d'expression s'y trouvent intimement liées, quelquefois dans une même phrase, de sorte que, pour l'interprète, analyse, images, prise de position, relevé des nuances de style, se succèdent et s'entremêlent, même si la tonalité générale du discours impose une nette prédominance de l'une ou de l'autre forme de message.

***

Ainsi donc on commence à voir à quel point le processus de l'interprétation est éloigné de l'idée qu'on s'en fait couramment et que nous avons évoquée au début de ce livre. Bien loin d'être une transposition mécanique des mots du discours l'interprétation est oubli immédiat de ces mots. Négligeant la forme linguistique du message, l'interprète fait porter tout son effort sur l'analyse du contenu de ce qu'il entend pour le comprendre intégralement. Son analyse peut être conçue comme une action sur le message ou si l'on préfère comme une prise de position. La compréhension, loin d'être un élément accessoire dans le travail de l'interprète, une sorte de luxe intellectuel que celui-ci s'offrirait « de surcroît » est en réalité le fondement même de son métier. On peut dire qu'*interpréter c'est d'abord comprendre.*

Mais le terme de compréhension est ambigu ; il recouvre des réalités diverses : on peut ainsi « comprendre » tous les mots d'un message sans comprendre son sens et, inversement, comprendre un message sans en avoir compris tous les mots. Nous espérons avoir montré quelle était la forme de compréhension de l'interprète et en quoi elle se distingue de celle des interlocuteurs. Il nous faut étudier maintenant les deux éléments majeurs dont la présence est indispensable à la compréhension immédiate et intégrale. Pour tout homme, quotidiennement, la compréhension est assujettie à deux ordres de connaissances : *la connaissance des mots et la connaissance des choses.* Chez l'interprète dans l'exercice de son métier et étant donné les circonstances très particulières dans lesquelles il s'exerce, ces deux éléments prennent une importance primordiale. Nous allons les examiner de plus près dans les prochains chapitres et ainsi mieux définir le niveau de la compréhension en interprétation.

CONNAITRE

I

LE SUJET

Pour aborder un sujet avec de bonnes chances de comprendre ce qui en est dit, il faut que l'interprète ait sur ce sujet des éléments de connaissance. Dans notre désir de mettre en relief le mécanisme essentiel sur lequel repose l'interprétation, nous avons peut-être jusqu'à présent donné l'impression que pour interpréter il était possible de se passer de connaissances. Or cela n'est pas plus vrai que de penser que les interprètes sont spécialisés dans le sujet de la réunion où ils travaillent [1] : l'interprète doit avoir assez de connaissances dans le sujet traité pour pouvoir l'analyser avec intelligence, mais il n'est pas nécessaire qu'il ait les connaissances du spécialiste : compréhension et connaissance sont deux choses différentes.

1. Voir en Annexe I la variété des sujets traités en interprétation.

En dehors de l'interprétation, les deux concepts de connaissance et de compréhension sont rarement dissociés ; on cherche à comprendre une chose ignorée pour l'assimiler et inversement on ne comprend spontanément que ce que l'on sait. Cela est manifeste tout au long de l'éducation scolaire et universitaire puis dans la vie professionnelle, axée en général sur un seul centre de préoccupation, et dans la vie privée qui pénètre rarement dans des domaines totalement étrangers. Chez le spécialiste, connaître et comprendre se confondent donc aisément, car les connaissances circonscrites assez tôt dans la vie ne progressent plus qu'en profondeur.

L'interprète échappe au destin du spécialiste. Dans son métier, il n'est pas à l'*origine de l'information* comme le contremaître qui donne ses instructions, ou l'enseignant devant sa classe ; *il est saisi de l'information.* Ce n'est pas lui qui avance une opinion, expose un fait ou réagit à une intervention ; il ne fait que recevoir cette information. Quelles que soient donc ses connaissances de la matière traitée, il n'est pas question qu'il y puise pour substituer à ce qu'a dit l'orateur ce qu'il sait ou pense lui-même de la question. Pour restituer fidèlement ce qui a été dit, il doit forcément attendre de l'avoir entendu. Ainsi, quand bien même un interprète serait médecin à une réunion médicale, il ne saurait pas « ce » que dira l'orateur qu'il va interpréter ; la connaissance (dans le sens où elle est nécessaire au spécialiste qui *crée* l'information) lui manque donc toujours. Ce qui, par contre, lui est indispensable, c'est de comprendre l'information qui lui est fournie. Son expérience tend donc beaucoup plus à en faire un analyste, un exégète, qu'à le spécialiser dans une quelconque discipline exacte.

L'interprète est un généraliste comme les juges arbitraux qui ont une formation juridique mais tranchent des litiges où entrent en jeu les techniques les plus diverses, comme les hommes politiques qui abordent d'innombrables aspects de la vie de leur pays mais qui puisent dans leur savoir pour agir non sur le plan de l'émission initiale de l'information, mais sur celui de la coordination des informations.

Le généraliste doit tout comprendre sans qu'il lui faille pour autant posséder des connaissances de spécialiste : on peut comprendre les nécessités d'une anastomose en chirurgie sans savoir opérer ni même décrire l'opération, mais il faut un minimum de connaissances anatomiques pour comprendre ce qui en est dit ; pour comprendre qu'un réacteur diverge lorsque son coefficient de réactivité dépasse 1, il faut posséder des connaissances certaines mais il n'est pas nécessaire d'être ingénieur atomiste ; on peut suivre sans peine un raisonnement qui conclut à la nécessité d'ajouter des minéraux dans le fourrage du bétail, admettre le fait que azote et chlorure de potassium engraissent le sol, et être en mesure de suivre le raisonnement qui s'enchaîne sans être ingénieur agronome ou chimiste, etc.

Le spécialiste part de sa connaissance pour discuter des avantages et des inconvénients de tel ou tel procédé technique ; en réunion il écoute un raisonnement en préparant une réponse fondée sur sa connaissance du sujet. L'interprète, dans son ignorance, ne se prononce pas sur la justesse des thèses en présence ; il ne porte pas de jugement sur l'exactitude, le caractère de nouveauté ou l'intelligence du message par rapport à la science ; mais il comprend ce que le message cherche à démontrer. Il n'a pas besoin à cet effet de *connaissances* identiques à celles de l'orateur mais d'une *capacité intellectuelle* analogue ; il s'apparente à l'orateur par la logique du raisonnement plus que par ses connaissances, et c'est sur le plan intellectuel et non sur celui des connaissances qu'il doit avoir le même niveau.

niveau intellectuel

Or les participants aux réunions internationales ne sont pas les premiers venus ; il faut avoir acquis une certaine réputation, avoir atteint un niveau assez élevé dans sa profession, pour être désigné par un gouvernement ou une entreprise, par un syndicat ou une institution pour défendre un point de vue à une rencontre internationale, ou y exposer les résultats de recherches.

Les mêmes critères de sélection jouent pour les interprètes, car comprendre un message c'est comprendre la démarche intellectuelle de celui qui le formule, c'est donc avoir une capacité mentale égale à la sienne et une formation de l'esprit aussi rigoureuse. Ainsi généralistes et spécialistes se rejoignent-ils sur le plan intellectuel et non sur celui des connaissances, et il est aussi important de ne pas confondre connaissances et intelligence que de ne pas confondre les connaissances du généraliste et celles du spécialiste.

Il est bien entendu impensable que l'on puisse comprendre ce que l'on ignore complètement, puisque la compréhension est, nous l'avons vu, l'association des éléments d'information reçus à une connaissance ou à une expérience antérieure ; par conséquent, quelle que soit l'intelligence de l'effort accompli, il est impossible de réaliser l'association d'idées nécessaire si cette connaissance antérieure n'existe pas. Pour procéder à l'analyse de ce qui est dit et le comprendre, l'interprète doit donc élever ses connaissances dans le domaine abordé à un niveau qui, tout en n'étant pas celui du spécialiste, est néanmoins nettement supérieur à celui de la culture dite générale. L'acquisition de cette connaissance minimum se fait en deux temps, *avant* et *pendant* la conférence.

acquisition de connaissances

Pour aborder un congrès de dermatologie par exemple, il est indispensable d'avoir assimilé les connaissances que peut donner un petit ouvrage d'une collection de vulgarisation (telle « Que sais-je ? ») sur la peau ; pour comprendre les raisons pour lesquelles on utilise, dans les réacteurs nucléaires, du sodium en fusion comme réfrigérant et les problèmes que pose cet emploi il faut savoir ce qu'est un agent d'échange thermique, mais il faut aussi se documenter sur les problèmes de la corrosion.

L'assimilation de ces connaissances est extrêmement rapide ; l'interprète ne prépare pas une conférence comme il préparait un examen lorsqu'il était encore étudiant, puisque ses connaissances ne sont pas destinées à être utilisées activement bien qu'elles doivent être suffisamment présentes pour surgir spontanément au moment de la discussion du sujet.

On se demandera si ces connaissances suffisent pour aborder tous les domaines alors que, selon les pays, les juristes poursuivent leurs études pendant trois ou quatre ans, les médecins pendant six ou sept ans, les ingénieurs pendant quatre ou cinq ans, etc. Et encore ces études laissent les spécialistes imparfaitement pourvus, puisque avant de pouvoir assumer convenablement les responsabilités d'un emploi, ils doivent combler par un apprentissage « sur le tas » l'écart qui existe entre leurs connaissances scolaires et les nécessités de la pratique ; on sait aussi que les praticiens sont souvent dépassés par la rapidité de l'expansion des connaissances théoriques dans leur domaine et éprouvent le besoin d'un recyclage universitaire.

Nous posons comme allant de soi que l'interprète est intelligent et qu'il possède la maîtrise de son métier ; à cette condition ses connaissances lui suffisent comme point d'appui pour sa compréhension, car elles ont été acquises d'une façon profondément raisonnée, c'est-à-dire bien supérieure à celle de l'apprentissage par imitation et répétition. C'est l'habitude de l'analyse qui lui permet d'acquérir très rapidement les notions supplémentaires de la matière qu'il va aborder, et d'assimiler en quelques heures les notions fondamentales des sujets les plus spécialisés.

N'oublions pas d'autre part que les conférences sont des rencontres entre gens qui ont en commun l'essentiel de leurs connaissances et qui ne mettent en discussion qu'une petite partie du secteur qui les intéresse. Un congrès médical ne traite pas de médecine en général mais d'un sujet très limité et traité en profondeur. Par exemple : « Dépistage précoce de la silicose » ou « Greffes cutanées des petites lésions ». Si théoriquement le domaine de l'interprétation est infiniment vaste, dans la pratique de chaque réunion seule une miette des connaissances humaines est mise en discussion.

On pourrait comparer le monde infini des connaissances avec lesquelles un interprète peut se trouver en contact au potentiel illimité de combinaisons de formes et de couleurs d'un kaléidoscope, une réunion donnée correspondant à un arrêt momentané du kaléidoscope qui présente alors une image de forme et de coloris bien précis.

L'acquisition de connaissances se fait également *en cours de réunion.* A chaque conférence, dans chaque sujet dans lequel il travaille, l'interprète apprend quelque chose ; plus il est rodé à l'exercice mental de l'analyse, plus rapidement il acquiert les éléments de connaissances qui facilitent sa tâche. Chaque intervention faite en cours de conférence est une source d'information et de connaissances. Chaque fois qu'un élément nouveau est compris par association avec un élément connu antérieurement ou avec une connaissance dans un domaine différent, ou encore par évocation des connaissances acquises pour la conférence même, il y a enrichissement de connaissances.

Donnons un exemple de tout ce qui peut être appris en conférence. Prenons la réunion d'un groupe d'actionnaires d'une mine de potasse. L'interprète savait avant la réunion qu'on se sert de potasse pour fabriquer de l'engrais, mais il apprend en conférence qu'il existe des mines de potasse au Congo, en Alsace, et au Saskatchewan ; puis il déduit de ce qu'il entend en coordonnant les éléments épars d'information qui lui parviennent, que, pour foncer un puits, il faut procéder à la congélation du terrain, qu'il faut faire des injections de ciment pour en consolider les parois, etc. Ainsi le sujet traité lui devient de plus en plus familier et il risque moins de se méprendre sur certains éléments d'information.

Les connaissances acquises en séance n'ont pas la cohérence de celles que l'on assimile avant la conférence ; ce sont des bribes d'informations disparates qui finissent néanmoins, au bout de quelques années de pratique, par constituer un avoir, presque inconscient, mais dans lequel l'interprète puise sans arrêt lorsqu'il aborde des sujets nouveaux.

connaissances insuffisantes ou trop poussées

Il arrive cependant que ni la préparation, ni l'acquisition de connaissances en cours de conférence ne soient suffisantes pour combler l'écart entre les connaissances des experts et celles qui sont nécessaires à l'interprète pour comprendre. Il est impossible de faire dans ce cas l'interprétation au sens où nous l'entendons, c'est-à-dire la restitution complète et fidèle du sens des interventions. Ces cas existent, il serait inutile de le nier. Alors l'interprétation se réduit à ce que le grand public croit qu'elle est généralement, à savoir la répétition de mots dans une autre langue. Et elle est d'une utilité douteuse. Je me souviens ainsi d'une réunion de chimistes où l'on discutait de la corrosion de récipients nucléaires ; mes connaissances en chimie étaient insuffisantes pour réellement comprendre, et il a fallu que je fasse une traduction phrase par phrase en répétant des formules chimiques qui n'avaient pas de sens pour moi.

Ainsi, il est des cas où l'écart est trop grand entre la connaissance du sujet qu'a l'interprète et celle de l'expert, et où cet écart n'a pas pu être réduit par l'acquisition de connaissances avant et pendant la conférence, de sorte que la compréhension n'est que fragmentaire.

Il est probable que chimie et mathématiques sont les sujets les plus réfractaires à l'interprétation au vrai sens du terme, car elles usent dans une large mesure d'un langage différent du langage habituel, dont il est impossible de percer le sens si on n'en a pas la maîtrise au même degré que celle des langues. Dans une moindre mesure cela est aussi vrai de la médecine pour ceux, parmi les interprètes, qui n'ont pas fait de grec ou de latin. Ce sont des disciplines où la traduction littérale existe, où un mot possède un seul équivalent dans l'autre langue, et où la difficulté d'interprétation est tout autant sinon plus encore due à la méconnaissance du langage utilisé qu'à la méconnaissance du sujet.

Ainsi, à difficulté égale de sujet, une communication médicale en allemand est beaucoup plus *compréhensible* qu'en français car elle ne fait usage que d'une seule langue, l'allemand, dont les mots sont en soi une explication partielle de ce qu'ils désignent. En entendant : « rechtsdrehender » ou « linksdrehender Stärkezucker » on comprend plus, de prime abord, qu'en entendant « dextrose » ou « levulose » ; de même que « Stoffwechsel » est plus parlant que « métabolisme » et le terme français « sauterelle » plus que le terme latin « schistocerca » utilisé par les spécialistes.

Par contre, il est évident qu'il est plus facile de « répéter » en anglais ou en d'autres langues qui utiliseraient des termes scientifiques grecs ou latins des mots comme « métabolisme » ou « dextrose » (« metabolism », « dextrose » !).

Ainsi plus le vocabulaire utilisé dans les deux langues se rapproche, plus l'interprétation se fait littérale et plus l'interprète peut renoncer à l'exégèse, avec le résultat qu'à une même conférence, pharmacologique par exemple, les interprètes français-anglais peuvent pratiquement se passer de toute préparation du sujet, alors que les interprètes allemands devront posséder des connaissances très vastes de la matière.

Il est aussi des cas où celui qui interprète a, du sujet, des connaissances égales ou supérieures à celles des gens qui se réunissent pour en discuter : il arrive de temps en temps que des spécialistes « multilingues » d'un sujet, forts de leurs connaissances, s'efforcent de faire de l'interprétation ; or ils échouent là où les interprètes professionnels réussissent, car ils se heurtent à un nouveau danger, celui du relâchement de l'attention et donc de l'effort d'analyse nécessaire pour la compréhension de ce que cherche à exprimer un orateur. A la limite en effet, la connaissance risque de constituer un obstacle à la compréhension, si elle se substitue trop vite à l'analyse et si les associations de connaissances sont opérées trop superficiellement. N'oublions pas en effet, que lorsque nous parlons de connaissances, il s'agit de connaissances plus ou moins proches de celles sur lesquelles se fonde l'orateur, mais jamais de la connaissance même de « ce » qu'il va dire ; or c'est le message précis qu'il s'agit de comprendre et il est évident que si le choix devait se faire entre un spécialiste de l'analyse et un spécialiste du sujet, le premier pourrait parfaitement être supérieur au second ; il est en effet curieux de constater combien une connaissance antérieure peut opposer d'obstacles à l'acquisition de connaissances nouvelles. On adopte en quelque sorte une attitude de facilité qui consiste à refuser le neuf en assimilant trop complètement l'information nouvelle à une connaissance ancienne. Nous ne citerons à cet égard et à titre d'exemple que le fait qu'il est si difficile, passé un certain âge, de prononcer correctement des sons étrangers que l'on associe trop volontiers à leur transcription et que l'on prononce alors en fonction de leur orthographe dans sa propre langue, au lieu de chercher à les reproduire en fonction de leur phonation.

la connaissance de l'interprète : un moyen

Un des secrets de la réussite de l'interprétation est peut-être la situation dans laquelle se trouve constamment l'interprète forcé de comprendre des problèmes dont il n'a pas une connaissance trop intime. Sa curiosité et son ouverture d'esprit s'en trouvent renforcées ; il sait qu'il ne sait pas ; il n'est pas figé dans une connaissance immuable, il est habité par le doute et n'est satisfait que par la cohérence.

Mais pour celui qui sait, les notions de comprendre et de savoir se confondent et la capacité de l'interprète de se faire *médiateur du sens* est en général mal « interprétée » par ceux qu'il interprète. C'est parce qu'ils sont convaincus que l'interprétation est une transposition de mots que les participants aux réunions internationales ont tant de mal à donner aux interprètes les éclaircissements que ceux-ci leur demandent parfois.

Un méthanier utilise le « boil-off » comme carburant ; qu'est-ce que le « boil-off » ? demandai-je une fois, le premier jour d'un congrès sur le pétrole.

— « Ne vous en faites pas, on utilise le même terme en français », fut la réponse, classique en son genre, qui me fut donnée. J'eus du mal — il me fallut trois interlocuteurs — à dégager la séquence : gaz ; liquéfaction du gaz pour le transport en bateau (procédé économique grâce à la réduction du volume) ; chèreté d'exploitation des installations frigorifiques nécessaires au maintien du gaz à l'état liquide ; donc refroidissement du gaz liquide par évaporation naturelle d'une partie de ce même liquide ; utilisation de cette partie du méthane (qui se trouve ainsi à l'état de gaz) pour la propulsion du méthanier. Ayant compris cette séquence, je pouvais accepter « boil-off » en français sans difficulté, quitte à parler aussi d'évaporation, de phase gazeuse, de méthane ou de carburant, selon le contexte !

Ainsi, la plupart du temps, les spécialistes réunis en congrès internationaux ne comprennent pas le besoin qu'a l'interprète de connaître les principales données du sujet dont ils traitent et croient qu'il lui suffit de connaître le mot technique, alors que celui-ci est généralement inutilisable si l'on n'a pas compris ce qu'il recouvre.

Une fois cependant, je me souviens d'un Directeur de la Caisse des Dépôts et Consignations qui observa, après une séance ardue, que l'interprète avait semblé comprendre et expliquer plutôt que traduire. Devant ma réponse affirmative, il conclut que c'était là une leçon de modestie pour ceux, qui, comme lui, croyaient avoir affaire dans leur domaine à des difficultés peu communes et pensaient ne pouvoir être compris que par des initiés. Je pris la remarque pour ce qu'elle était, c'est-à-dire un compliment...

Au cours des années, son travail amène l'interprète à pénétrer les sujets les plus variés, à connaître la vie de la société sous ses aspects les plus contrastés et à se rendre dans les pays les plus divers. Son travail est destiné successivement à des cartels industriels, et à des syndicats ouvriers, à des représentants gouvernementaux et à des chercheurs scientifiques. Il est à même d'observer de ses propres yeux le mode de vie et la pensée politique des pays industriels et du Tiers-Monde. Du fait de son travail, il s'intéresse à toute une série de sujets qui l'auraient sans doute laissé indifférent s'il n'avait pas participé à leur discussion. C'est un fait curieux que, loin de diminuer l'intérêt, la connaissance l'augmente, et qu'à tout intérêt en éveil correspond l'acquisition de connaissances nouvelles. (Notons à ce propos, qu'aux Etats-Unis la vente des journaux a augmenté massivement au moment de l'introduction de la télévision et des actualités télévisées.) Aussi l'interprète, dont l'intérêt a été éveillé par beaucoup de sujets dans lesquels il a travaillé, a des lectures éclectiques. Il acquiert de la sorte, en dehors des conférences, des connaissances nouvelles qui lui permettent de faire la synthèse de ce qu'il voit et de ce qu'il entend.

Ses connaissances sont donc puisées, au hasard des rencontres, dans de très nombreux domaines, et consolidées par un travail de réflexion. L'interprète ne possède peut-être jamais à fond les éléments de l'objet dont il perçoit les résultantes ; il est l'automobiliste qui, sans être mécanicien, sait conduire sa voiture à travers le monde. Mais en cheminant d'une discipline à l'autre, il retrouve les constantes de la pensée et intègre ses connaissances éparses en une vaste expérience de l'homme et du monde.

On peut se demander s'il pourra le faire longtemps encore, si la spécialisation de plus en plus poussée des experts s'ajoutant à la fréquence accrue de leurs contacts ne les rendront pas toujours plus ésotériques pour le profane et n'amèneront pas l'interprète à suivre la même évolution et à augmenter ses connaissances dans des secteurs particuliers, en renonçant à en aborder d'autres. La question se pose, en d'autres termes, de savoir si l'interprète devra renoncer à se sentir prêt à aborder toutes les disciplines humaines pour éviter que l'écart qui sépare ses connaissances de celles des spécialistes ne s'agrandisse tant que toute compréhension devienne impossible. Cette spécialisation ne signifie pas qu'il deviendrait expert dans les matières choisies mais il y augmenterait ses connaissances de façon plus systématique, ajoutant ainsi à la spécialisation dans la méthode une certaine spécialisation dans la matière, tel un orfèvre qui ne travaillerait plus que quelques métaux.

On ne saurait pour l'instant répondre à cette question, mais il est possible que le métier d'interprète se développe dans ce sens. Il est peu pensable à l'heure où la profession ne compte que quelques centaines de membres, que les interprètes se spécialisent, mais à l'avenir le nombre de conférences se multipliera de telle sorte qu'un partage sera peut-être nécessaire. Les interprètes ne se trouveront plus placés alors devant un kaléidoscope aux pauses imprévisibles mais pourront s'orienter vers les sujets où leurs connaissances seront plus grandes.

Il sera sans doute alors plus difficile encore qu'aujourd'hui de trouver des étudiants capables de devenir des interprètes puisqu'ils devront ajouter aux connaissances linguistiques, au talent inné de l'analyste et de l'orateur, des connaissances très poussées dans certains domaines techniques ou scientifiques.

II

LES LANGUES

Si les connaissances des participants à une conférence internationale sont dans leur domaine respectif très supérieures à celles de l'interprète, il est un domaine où celles de l'interprète sont supérieures : il s'agit bien entendu des langues. Cette connaissance supérieure des langues est d'ailleurs la raison d'être de la présence des interprètes dans les conférences, bien qu'ils soient non seulement des spécialistes des langues mais que leur formation et leur expérience en fassent également des spécialistes du langage et de la communication.

La connaissance de plusieurs langues est en général le seul mérite que l'on reconnaisse aux interprètes et, si on leur réserve parfois quelque admiration, c'est en raison de leur « polyglottisme ». Toutefois si nous n'avons pas traité dès l'abord ce problème de la connaissance des langues, comme cela eut pu sembler naturel, c'est qu'il nous a paru essentiel de définir d'abord ce qu'est l'interprétation. On aura compris d'après les chapitres précédents que le problème de la pluralité des langues, s'il est la raison d'être de l'interprétation, n'en est pas moins, pour l'interprète dans l'exercice de son métier, un problème annexe et non point crucial. Alors que pour le grand public le travail de l'interprète consisterait à apprendre et à utiliser un grand nombre de mots dans les langues différentes, pour l'interprète lui-même le problème proprement linguistique n'est qu'une composante d'un ensemble plus vaste.

Il faut donc distinguer soigneusement deux choses : la connaissance des langues, qui est un acquis, et sa mise en œuvre dans une opération, la technique interprétative, qui est le résultat d'une formation.

Pour l'interprète, la connaissance de plusieurs langues n'est pas un but en soi ; c'est un *préalable* indispensable pour que l'interprétation telle que nous avons tenté de la définir puisse s'effectuer.

Cependant une notion telle que celle de la connaissance d'une langue n'est pas simple ni immédiatement définissable. Il est peu de domaines dans lesquels les jugements soient aussi entachés d'*a priori*, d'imprécisions, de notions fausses ou subjectives. Aussi allons-nous nous attacher tout d'abord à définir en quoi consiste pour un interprète la connaissance des langues. Nous verrons ensuite quelles sont les difficultés d'ordre intrinsèquement linguistiques que l'interprète rencontre dans la mise en œuvre de sa technique.

On suppose généralement que les interprètes de conférence sont polyglottes et l'une des questions classiques qu'on leur pose porte sur le nombre de langues qu'ils savent. On comprend que la réponse déçoive puisque en moyenne les interprètes de conférence, membres de l'Association Internationale des Interprètes de Conférence, n'ont guère plus de trois langues de travail[1] : il n'arrive pas à tout le monde de séjourner tout enfant dans plusieurs pays ; peu de gens possèdent non seulement le « don » des langues (c'est-à-dire en fait celui de ne pas les mélanger toutes), mais encore les autres qualités nécessaires à l'interprétation ; les possèdent-ils que cela en soi ne suffit pas encore car il faut que les langues qu'ils savent soient utilisables, c'est-à-dire qu'elles appartiennent aux grandes langues de culture qui sont presque seules à être parlées dans les réunions internationales du monde occidental. Ce sont les langues de travail des Organisations Européennes ou Mondiales, à savoir : l'anglais, le français, le russe, l'allemand, l'espagnol, l'italien et le néerlandais. D'autres langues interviennent évidemment dans les contacts internationaux ; ce sont le plus souvent des contacts bi-latéraux qui donnent moins fréquemment lieu à interprétation, bien que les problèmes qu'elles posent ne soient pas différents de ceux que posent les langues que nous venons d'énumérer.

1. Le nombre moyen de langues utilisées comme langues de travail par les membres de l'AIIC et reconnues telles par celle-ci était de 1960 à 1966 de 3,3.

L'Association Internationale des Interprètes de Conférence, qui réglemente la profession, établit un classement linguistique de ses membres. La première langue, dite « A » doit être *une langue véritablement maternelle* ; de la sorte, l'AIIC décourage ceux que nous appelons en jargon de métier les « alingues » : ceux qui parlent plusieurs langues sans qu'aucune ne soit réellement exempte d'interférence des autres. Ces alingues sont originaires de régions où plusieurs langues s'entremêlent, ils n'ont jamais pu dissocier les langues ; ou bien encore ce sont des personnes qui avaient une langue maternelle mais qui l'ont partiellement oubliée pendant leur séjour à l'étranger sans pour autant acquérir la maîtrise complète d'une autre langue. Par contre l'AIIC a reconnu dans quelques cas le bilinguisme véritable de certains interprètes, qui ayant partagé leur vie dès leur enfance entre deux pays et ayant fait leurs études secondaires et universitaires alternativement dans ces deux pays ont su ajouter à ces circonstances heureuses le soin très conscient d'une constante dissociation linguistique. Ces cas sont rares, même parmi les interprètes [2].

La deuxième catégorie linguistique établie par l'AIIC, le « B », correspond à ce que nous appellerons la « *connaissance parfaite d'une langue* », sans qu'elle puisse pour autant être assimilée à la langue maternelle. Si le « B » utilisé comme langue d'expression peut faire illusion en interprétation consécutive où l'on a un certain temps pour re-structurer la forme de l'information que l'on transmet, il n'en

2. En 1965 l'AIIC comptait 116 bilingues « A » « A » sur 524 membres.

va plus de même en interprétation simultanée, où seul un conditionnement linguistique total permet d'utiliser les expressions dans lesquelles les auditeurs reconnaissent immédiatement et sans hésitation leur propre langue, ce qui les laisse libres de faire porter leur attention sur le contenu du message. Une très longue expérience du métier, une préparation terminologique approfondie de la conférence et une grande expérience en cabine de la langue « B » permettent d'interpréter honorablement lorsqu'il s'agit de discussions techniques où il y a une forte proportion de mots dont la transposition littérale est possible. Cependant, il faut à l'interprète une classe, une intelligence et une expérience exceptionnelles pour lui permettre de donner des explications d'une luminosité telle qu'on en oublie la forme peu heureuse de certaines formules.

Enfin, le « C » est la langue passive *dont la compréhension doit être totale.* Seuls de longs séjours dans le pays où elle est parlée permettent de parvenir au degré de connaissance nécessaire à la langue « C ». C'est néanmoins une langue où l'effort ne porte pas sur l'expression, mais plutôt sur la compréhension de la signification des termes, des tournures, des locutions entendues.

Le lecteur sait maintenant quelles sont les exigences de la profession en matière de connaissance linguistique. Cela ne lui suffit probablement pas et il se pose un certain nombre de questions auxquelles nous allons essayer de répondre.

savoir les langues

Les langues qui servent à l'interprétation sont

éminemment contemporaines. Les formes anciennes des langues actuelles, qui font l'objet d'études philologiques et littéraires, ne la concernent pas, non plus d'ailleurs que les milliers de langues et de dialectes d'étendue limitée qui existent de par le monde.

Pour juger du stade actuel de la richesse de ces langues, voyons le nombre de mots qu'elles contiennent. Le « Larousse » en 10 volumes, publié en 1964, indiquait dans sa publicité 450 000 définitions, qui correspondent donc à autant d'acceptions sinon de mots. La « British Encyclopedia », de son côté, parle de 600 000 définitions.

Pour circonscrire l'usage qui est en général fait de ces langues, au cours des réunions internationales, il faut retrancher de ce total les sens archaïques, qui ne sont plus guère utilisés qu'en littérature ; il faut par contre y ajouter tous ceux qui font à un autre titre partie intégrante de la langue : les noms propres, les sigles, les noms de marques et de produits, les titres de films et de livres, les raisons sociales, etc. qui se multiplient de plus en plus.

Prenons l'exemple des noms propres : ce qui est dit de Monsieur Dupont peut prendre un sens très différent selon que Monsieur Dupont est Américain, Français ou encore Secrétaire Général de l'Organisation ; en interprétation un nom propre a donc une signification et pour l'interprète il fait partie de la langue au même titre que les autres mots ; l'interprète se doit d'en tenir compte de la même façon que des éléments linguistiques plus classiques.

En fait, et bien qu'il soit commode de retenir les 450 000 ou les 600 000 acceptions visées plus haut comme ordre de grandeur, le vocabulaire d'une langue est illimité. Au regard de cette richesse des langues, il est intéressant de comparer la connaissance que peut avoir un individu de sa langue maternelle : du paysan qui exprime les actes essentiels de la vie avec deux ou trois mille mots, au poète, il est probable que le vocabulaire se décuple ; de celui du poète à la masse totale du vocabulaire dans toutes ses acceptions, le rapport pourrait bien être encore de un à dix.

Rien n'est plus malaisé en fait que de définir la connaissance de la langue. Que signifie savoir une langue ? Une langue n'est pas une quantité finie et définie que l'on possède dans son intégralité ou pas du tout ; on ne sait pas une langue comme on sait un théorème ou un poème par cœur ; on ne la sait toujours que plus ou moins. Il est des gens, en particulier les habitants de certaines régions frontalières, qui parlent indifféremment deux langues avec une parfaite aisance ; mais l'étendue de leurs connaissances dans chacun de ces idiomes reste réduite. Inversement, certaines personnes comme les philologues ou les théoriciens de la linguistique, dont l'étude des langues n'est pas tournée vers leur utilisation pratique, ont des connaissances considérables dans des langues dont ils seraient incapables de se servir comme moyen de communication courante ; leurs connaissances sont donc, elles aussi, fragmentaires.

Tout homme qui vit en contact avec les réalités de notre époque parle ou comprend tant soit peu une langue étrangère : soit que son métier l'exige, soit qu'il appartienne à un pays dont la langue n'est pas véhiculaire (les Néerlandais et les Suédois, les

Polonais et de plus en plus les Français se doivent de connaître une autre langue). En aucun cas cependant, qu'il s'agisse des connaissances livresques ou théoriques de l'érudit, des connaissances de l'expert limitées à son domaine spécialisé, ou des connaissances du polyglotte, on ne saurait parler d'une connaissance complète de la langue, mais seulement d'une *connaissance utile.*

La difficulté que représente l'acquisition d'une langue étrangère est telle qu'il existe bien peu de linguistes qui soient en même temps des praticiens ; il faut bien constater que s'il n'est pas d'enfant, si peu doué soit-il, qui n'apprenne idiomatiquement la langue de son entourage, cela est extrêmement rare chez l'adulte. Or connaître parfaitement deux ou trois langues est une condition préalable à l'apprentissage du métier d'interprète.

le préalable de la connaissance des langues

Les connaissances linguistiques de l'interprète sont obligatoirement préexistantes à l'exercice du métier, car ce n'est pas en exprimant le sens des messages à la vitesse de 150 mots-minute que l'on apprend ou que l'on perfectionne une langue.

Or, dans la formation scolaire des interprètes, l'on a tendance à s'inspirer des pratiques de l'enseignement de la traduction qui, en même temps qu'un exercice de passage d'une langue à l'autre, est un exercice d'apprentissage des langues ; beaucoup d'écoles prétendent par conséquent apprendre les langues aux étudiants en même temps que l'interprétation. Pourtant l'exercice linguistique ne peut être que préjudiciable à l'exercice interprétatif car l'évanescence du langage oral, la concentration de l'interprète sur le sens de ce qui est dit, ne se prêtent pas à un exercice d'apprentissage. C'est pourquoi nous prétendons que pour apprendre à interpréter, il faut dès le départ avoir une maîtrise des langues que nous qualifierions de parfaite si le terme de « connaissance parfaite d'une langue » n'était si galvaudé. Cette *connaissance utile* à l'interprétation exige un nombre considérable de conditions : compréhension auditive, intuition, maîtrise de l'expression, étendue du vocabulaire, connaissance de la langue étrangère acquise dans la prime jeunesse, puis dans les écoles ou les universités étrangères, sens aigu de la communication...

Ni philologue, ni polyglotte, l'interprète doit appliquer des connaissances linguistiques très vastes et très précises à des domaines très nombreux. C'est avec l'expérience des conférences qu'à partir d'un niveau de parfaite connaissance linguistique il complète ses connaissancs lexicales (le vocabulaire d'une langue est illimité et sa connaissance doit constamment être complétée).

C'est également au cours de sa vie de conférence que l'interprète s'habitue peu à peu à l'infinie variété d'accents qu'il rencontre : quel que soit le nombre d'années passées à l'étranger, il reste impossible à quiconque d'avoir vécu dans tous les pays où l'on parle anglais (des Etats-Unis au Ghana et à l'Australie, en passant par le Texas et le Yorkshire) et d'en connaître tous les accents. Il n'est pas non plus possible de savoir toutes les langues ; et pourtant il serait parfois utile de pouvoir reconnaître pour les comprendre en anglais, les tournures suédoises, ou en français les hispanismes, qu'y introduisent des délégués obligés par le règlement de la conférence à parler une autre langue que la leur. L'oreille de l'interprète s'habitue peu à peu et il finit par comprendre beaucoup mieux que d'autres la manière de parler anglais des Indiens ou des Japonais. Mais c'est avant même d'aborder son métier que l'interprète doit posséder une compréhension auditive hors pair s'il veut s'accoutumer à cette variété d'accents.

L'interprète travaille sur des données linguistiques orales et éphémères. Il doit donc être capable de distinguer parfaitement et sans effort les sons de la langue qu'il entend en conférence de façon à pouvoir identifier les mots du discours quelles que soient la voix et les intonations de l'orateur : c'est dire que sa perception de la langue étrangère doit être pratiquement équivalente à celle d'un individu dont cette langue est la langue maternelle. Cela est d'autant plus vrai que l'interprète de conférence est en contact constant avec un vocabulaire qui n'est pas celui des échanges courants, et l'on sait que plus un mot est inusité, plus il est difficile à l'oreille de le distinguer instantanément, d'autant plus que généralement l'audition se fait par le truchement d'appareils électroniques qui diminuent la qualité de la phonation.

En cela l'interprète se distingue d'autres linguistes qui travaillent sur des faits de paroles essentiellement écrits, et qui ne connaissent pas de difficultés analogues puisque toutes les écritures sont réduites à des caractères d'imprimerie. La difficulté de déchiffrage de la graphie a disparu, alors que celle de la différence de prononciation subsiste pour l'interprète de façon très réelle.

Ce qui est vrai de la connaissance passive l'est encore plus de la pratique active des langues. Pour prononcer parfaitement une langue il faut l'avoir apprise très jeune ; certes, ceux qui ont beaucoup d'« oreille » peuvent faire illusion un temps en parlant une langue qui leur est étrangère. Mais dans la contrainte qu'impose le travail d'interprète où il s'agit de plier la langue à toutes les exigences de la pensée, l'illusion s'évanouit très rapidement ; la langue étrangère perd sa spontanéité et son naturel, contaminée par la langue maternelle qui lui impose son accent et ses structures. Nous reviendrons sur ce point plus tard pour souligner l'importance de l'utilisation de la langue maternelle comme langue d'aboutissement en interprétation.

La connaissance de la langue passe aussi par celle de sa *structure*. C'est dire que la langue n'est pas seulement la somme de tous les mots qui la composent, mais correspond à une forme d'esprit, à une façon d'analyser le réel. Savoir une langue, c'est avoir l'intuition de sa structure ; c'est comprendre le message lorsque le mot échappe, par le rétablissement de sa logique interne.

Cela ne s'improvise pas plus que la familiarité avec les sons qui permet de comprendre immédiatement et sans effort tout ce qui est dit.

Dans la plupart des cas, les interprètes de conférence ont en effet passé une partie de leur vie dans des pays différents et ont appris dès leur enfance au moins une des langues « étrangères » qu'ils pratiquent.

C'est sur cette connaissance innée de la langue, sur l'intuition des formules orales, que se développe, sans jamais s'achever, la connaissance du vocabulaire chez l'interprète.

les langues et les mots

La somme de connaissances lexicales que l'interprète possède dans chacune de ses langues de travail est considérable. Il ne s'agit pas pour lui comme pour le bilingue des régions frontalières auquel nous avons fait allusion ci-dessus, ou pour un guide ou un portier d'hôtel, de communiquer les expériences de la réalité quotidienne au moyen de formules en nombre relativement réduit ; l'interprète au cours de sa vie professionnelle se trouve aborder tous les domaines de la connaissance.

Il faut donc qu'il ait à sa disposition, dans chacune des langues dans lesquelles il travaille, activement ou passivement, une base de vocabulaire équivalant au minimum à celle d'un homme cultivé dont cette langue est la langue maternelle. Cela ne signifie pas qu'il possède dans chacune des langues qu'il pratique des connaissances lexicales gigantesques, qu'il est une sorte d'immense dictionnaire multilingue, une encyclopédie vivante. Nous verrons en effet qu'il existe relativement peu de mots dont l'interprète ne peut pas découvrir le sens dans leur contexte à partir de sa connaissance très approfondie des langues.

Les langues sont constituées de mots dont une partie seulement correspond au vocabulaire commun de tous ceux dont cette langue est le moyen d'expression ; à ce noyau de signes communs qui fait dire que les habitants d'un même pays parlent la même langue, viennent s'ajouter des milliers de mots ou d'acceptions différentes qui servent à la communication spécialisée à l'intérieur des groupes, familles, milieux professionnels, etc.

Ils ne sont pas pour autant inaccessibles pour celui qui tout en parlant la même langue, les ignore. Ils sont en effet pour une bonne part puisés dans la langue familière de sorte qu'il est facile de saisir leur acception nouvelle en retraçant le chemin qu'ils ont parcouru jusqu'à leur sens nouveau : la forme de l'objet qu'ils désignent initialement peut rappeler celle d'un nouvel objet : *grenade,* qui désignait un fruit donne grenade, l'arme. Ou bien la fonction de l'objet initial se retrouve dans un autre domaine et de la *chemise* qui revêt le corps on arrive à la chemise d'eau des cylindres dans un moteur ; ou encore les mots du langage spécialisé sont empruntés à des langues étrangères ou créés artificiellement à partir de racines anciennes : *spoutnik* ou *cybernétique* en sont des exemples.

D'autre part les groupes où il est fait usage d'un vocabulaire spécialisé ne sont pas cloisonnés ; il existe de nombreux recoupements de vocabulaire et certains mots spécialisés d'une langue se retrouvent avec des acceptions identiques ou voisines dans une autre, sans que l'interprète ait besoin de les connaître au préalable pour les comprendre en conférence et en acquérir alors la connaissance.

Nous voyons donc qu'il y a une différence entre les mots que l'interprète connaît au point de pouvoir en donner la définition exacte dans toutes leurs acceptions, et ceux dont il découvre par recoupement un sens nouveau. Ce sens une fois découvert s'incorpore pendant un temps ou de façon permanente dans la connaissance de l'interprète, souvent sans que celui-ci prenne conscience du moment précis de sa première acquisition. Prenons le mot *fonçage* et admettons que son sens soit ignoré de l'interprète. Si ce mot apparaît dans un contexte clair, tel que « le fonçage du puits n° 1 de la mine durera 15 mois » l'interprète qui l'ignore ne l'entendra probablement que de façon très approximative et ne le percevra pas au point de pouvoir s'en souvenir. Il rendra néanmoins le sens de l'intervention sans pratiquement se rendre compte — en simultanée du moins — du mot inconnu qui a été prononcé. J'ai ainsi le souvenir d'avoir un jour dit en simultanée « éperonner » (au figuré) pour « to chivvy » en anglais, terme que j'ignorais et qui me laissa simplement l'impression d'avoir entendu un mot inconnu. C'est un collègue rendu attentif par mon hésitation qui me confirma ensuite que j'avais donné son sens exact à ce mot inconnu. Si par contre le mot inconnu revient à plusieurs reprises à intervalles rapprochés, l'interprète le remarque plus clairement et cherche à en préciser le sens en fonction du contexte pour ensuite vérifier, au fur et à mesure que se déroule la discussion, s'il ne s'est pas trompé. Mais il faudra plusieurs réunions et des contextes différents pour que peu à peu se précise le processus, les appareils, le matériel que comporte par exemple un fonçage, bref pour que le terme inconnu, mais néanmoins compris de prime abord, prenne toute sa signification et s'incorpore parfaitement dans les connaissances antérieures.

Nous n'avons traité jusqu'ici que d'une seule langue et à cet égard l'acquisition du vocabulaire que connaît un interprète ne se différencie de celle des personnes qui ont la même langue maternelle que par les contacts plus fréquents qu'il a avec des acceptions ou des mots peu courants : chacune des activités humaines peut faire l'objet d'une rencontre internationale et dans chacune un vocabulaire légèrement différent est utilisé. L'interprète acquiert donc une somme de vocabulaire plus vaste et surtout plus variée que ses concitoyens.

Nous ne pouvons pas poursuivre l'examen des mots que l'interprète ignore sans faire intervenir sa deuxième langue (pour plus de simplicité, nous laissons de côté la troisième langue qu'a en général l'interprète de conférence). Il existe en effet des cas où le contexte seul ne permet pas de comprendre un terme ou une expression, mais où l'expression correspondante dans l'autre langue joue le rôle d'un contexte supplémentaire, qui suffit souvent à dégager un sens resté obscur. Chaque mot, répétons-le, évoque un champ sémantique ; les expressions correspondantes dans deux langues différentes évoquent des champs sémantiques qui ne se recoupent pas entièrement et s'élargissent par conséquent l'un l'autre. Prenons l'exemple de « Virgin copper » en anglais : l'expression française de « cuivre de première fusion » précise et explicite le terme anglais et *vice versa.*

Mais il ne faut pas croire que, dans une réunion donnée, les mots dont l'interprète ignore le sens abondent, ni même qu'ils soient en nombre tel qu'ils posent un problème réel de compréhension du message. Rappelons que si la somme totale du vocabulaire est immense par rapport à la connaissance que peut avoir un individu, l'interprète n'a jamais affaire en même temps à la langue complète : à chaque conférence il voit passer un nombre limité de mots qui constituent une toute petite partie du lexique complet d'une langue ; c'est dans ce vocabulaire restreint que se trouveront les mots et les expressions dont il lui faut acquérir le sens.

Leur nombre varie selon l'expérience individuelle des interprètes et selon les cas, mais il est en général de l'ordre de quelques dizaines ; il n'est donc pas tel qu'il ne puisse être appris pour chaque réunion. Les mots complètement inconnus, dont rien, ni l'étymologie ni un sens voisin, ne permet de déduire le sens probable dans un contexte donné, sont encore plus rares.

passage d'une langue à l'autre

Nous avons commencé ce livre en mettant en lumière le fait que l'interprétation ne pouvait être simplement le passage des mots d'une langue à ceux d'une autre et que, entre l'audition d'un message par l'interprète et sa réexpression dans l'autre langue, s'insérait cette opération essentielle qu'est l'analyse du sens. Cela étant acquis, il n'en reste pas moins que l'interprétation consiste dans le passage d'un énoncé verbal à un autre énoncé, également verbalement formulé, mais dans une langue différente. Il en résulte nécessairement une part de traduction, ou si l'on préfère, de recherche d'*équivalents* dans deux langues différentes.

Dans les chapitres précédents, nous mettions en garde contre la croyance trop répandue selon laquelle l'interprétation serait une décalcomanie verbale, et nous insistions sur le fait que, étant donné la vitesse à laquelle l'interprétation s'effectue, une telle opération traductrice était impensable et ne pouvait se solder que par un échec. Mais il est d'autres raisons, tenant cette fois à la nature des langues, qui font que le passage direct des mots d'une langue à ceux d'une autre langue est impossible.

Nous avons montré ce qu'est la *connaissance utile* des langues en interprétation ; voyons maintenant si les mots correspondent d'une langue à l'autre, s'ils peuvent s'ajuster comme les morceaux d'un puzzle, en d'autres termes s'il suffit pour franchir la barrière linguistique, de posséder en deux langues les mêmes connaissances et de sauter d'un mot à l'autre.

On ne saurait répondre par une négation absolue. Il existe des mots qui possèdent à coup sûr une correspondance dans une autre langue, comme il existe des mots « intraduisibles ». C'est là une banalité pour une fois exacte, à une différence près avec ce que l'on croit en général : les mots « intraduisibles » sont la règle et ce sont les mots qui possèdent en tout état de cause un équivalent qui sont l'exception. Pour nous faire comprendre nous ferons la distinction entre deux notions souvent confondues lorsqu'on parle de mots « intraduisibles » : celle de *traduire* dans le sens de passer d'une langue à l'autre en mettant un mot à la place de l'autre, et celle d'*exprimer* la même chose dans deux langues.

On peut *traduire* des mots comme : soleil, père,

amour, mort. Ce sont des mots qui découlent d'une expérience humaine élémentaire, identique quelle que soit la civilisation et par conséquent la langue. Mais l'expérience des hommes se différencie à la mesure des civilisations qu'ils ont édifiées, de sorte que les civilisations ne se distinguent pas seulement par la langue mais aussi par des concepts et des objets particuliers à chacune d'elles.

« Bread » est-il vraiment l'équivalent de « pain » ? « Bread » pour l'Américain c'est une matière spongieuse, coupée en tranches et enveloppée de cellophane ; pour le Français, le pain c'est une longue baguette croustillante et dorée... Nul besoin d'aller chercher des mots comme « Gemüt » et « Schadenfreude » pour affirmer que certains mots sont intraduisibles. Pour nous la *quasi-totalité des mots est intraduisible*, si l'on entend par « traductibilité » la capacité qu'aurait un mot de se substituer, sans risque d'erreur et dans tous les contextes, à un mot d'une autre langue. C'est bien cette « traductibilité » que l'on pose comme existante lorsqu'on demande : « Comment dit-on en anglais, en allemand, tel mot français ? » Et c'est elle dont nous nions l'existence pour la masse du vocabulaire, à quelques exceptions près que nous définirons et parmi lesquelles les chiffres constituent l'exemple le plus immédiat. Mais traduire des mots comme l'on traduit des chiffres serait tomber dans le parler des régions bilingues où les langues ont perdu en grande partie leur différence de structure et où l'on trouve, pour n'en citer que deux, des expressions telles que le canadien « Vous êtes bienvenu » (you are welcome) pour « à votre service » — et l'expression suisse « expédition par adresse » (Adressenversand) pour « distribution de journaux aux abonnés ». Ce phénomène est naturel ; expression de la pensée individuelle et collective au sein d'une même civilisation, le parler ne peut pas cohabiter longtemps en deux structures différentes chez la même personne, de sorte que les langues des régions bilingues ont tendance à se rapprocher au point de ne plus se distinguer que par le vocabulaire. Il serait plus juste en l'occurrence de parler de « bi-vocabularisme » que de « bi-linguisme ».

Pour des participants à des réunions internationales dont les langues différentes reflètent une structuration différente de la pensée, ce mot à mot risquerait d'être incompréhensible. Pour de véritables « étrangers », il faut re-structurer le signifiant formel énoncé dans la langue qui leur est étrangère, et pour ce faire il faut remonter au contenu sémantique de l'information qui a donné naissance à cet énoncé.

Supposer que l'on puisse passer d'une langue à l'autre par une simple transposition de mots, sans l'intervention de l'intelligence de celui qui « traduit », serait attribuer aux langues une existence objective, leur prêter une fonction autonome et assimiler forme du message et information.

Il ne peut en être ainsi car le sens de l'immense majorité des mots ressort tout autant sinon plus du contexte où ils se présentent que de leur sens premier ; et le nombre d'équivalents que possède un mot déterminé dans une autre langue est aussi vaste que le nombre d'acceptions qu'il peut prendre en fonction du contexte. La réexpression d'un énoncé dans une autre langue est affaire de création constante — et *nous voilà donc insensiblement en train de passer de la notion de traduire à la notion d'exprimer.* Puisque, chaque fois que le contexte change, le même mot prend une nuance de sens différente, il doit être rendu par un terme presque toujours différent dans l'autre langue ; il ne s'agit donc plus de connaître des équivalents lexicaux qui se substitueraient automatiquement les uns aux autres, mais de trouver des termes qui expriment « la même chose », abstraction faite de l'expression linguistique initiale. Nous appellerons « contextuels » les mots qui donnent lieu à la création constante de correspondances : ils méritent cette appellation parce qu'ils concordent avec des termes initiaux sans justifier le nom de « traduction », puisque ce n'est pas à partir du mot que la correspondance a été trouvée mais à partir de l'objet ou du concept.

Vu sous cet angle tout ce qui est dit dans une langue est exprimable dans une autre, à condition que les deux langues appartiennent à des civilisations ayant atteint un degré de développement comparable.

Lorsque la chose ou le concept existent dans un milieu culturel déterminé, il y a dans la langue correspondante une façon de l'exprimer à condition de ne pas se demander comment traduire tel mot mais comment exprimer telle chose. Si, lorsqu'on frappe à sa porte le Serbe dit « Slobodno », le Français « Entrez », l'Allemand « Herein » et l'Anglais « Come in », c'est à partir de la situation où chacun se trouve et de ce qu'il veut exprimer qu'il trouve l'expression juste et non à partir de l'expression équivalente dans une autre langue. Traduite, celle-ci donnerait « Libre » pour le serbe, « Dedans » pour l'allemand et seul l'anglais « Come in » traduirait le français « Entrez ». Toute la théorie de l'interprétation peut être fondée sur ce principe illustré par l'exemple simple que nous venons de citer : *l'interprétation est en majeure partie l'expression verbale de choses et de concepts, accompagnée de façon non intentionnelle de la création d'équivalents linguistiques de caractère momentané.* Certains mots ne sont réputés intraduisibles que parce que les concepts qu'ils expriment trouvent une expression différente dans une autre structure linguistique. Mais ce qui fait défaut dans ce cas, ce n'est pas la capacité d'expression des langues, mais les mots dont le champ sémantique se recouperait entièrement et qui correspondraient dans toutes les situations. Il ne peut exister de mots « intraduisibles » dans le sens de *notions non réexprimables* que si la chose que recouvre le mot n'existe pas encore dans la civilisation dont on voudrait utiliser la langue pour l'exprimer : comment exprimer l'inexistant ?

Dans ce cas il ne s'agit plus de traduire ou de réexprimer mais d'introduire une notion nouvelle dans un patrimoine culturel existant, d'enrichir les concepts en fournissant des explications, avant d'enrichir la langue en apportant un mot : on conserve le mot étranger comme on l'a fait pour l'« isba » des romans russes ou pour le « software » des ensembles électroniques ou bien l'on crée un mot nouveau comme on l'a fait pour « cybernétique », ou une acception nouvelle comme « satellite » qui a vite perdu son épithète d'« artificiel ».

Nous verrons dans la section « Exprimer » la façon dont le message est transmis indépendamment des mots qui le composent. Mais si nous avons exclu pour le gros du vocabulaire tout caractère de traductibilité, il nous faut quand même examiner sur le plan de l'interprétation les mots que nous appellerons « traduisibles » lorsque, dans un contexte donné, et pour une acception déterminée, ils possèdent un équivalent dans une autre langue.

La langue n'est pas séparée en mots « traduisibles » et mots « contextuels ». Les mots traduisibles dans un cas, deviennent contextuels dans l'autre et *vice versa* ; même l'archétype du mot traduisible, le chiffre, peut être l'un ou l'autre ; ainsi il est traduisible lorsque « quinze » correspond à « fünfzehn » mais il devient lui aussi contextuel dans l'expression « 15 jours » qui se dit « 14 Tage » en allemand. Prenons un exemple inverse : « Emergency » en anglais est un mot contextuel ; il n'en reste pas moins que « Emergency exit » peut être parfaitement considéré comme une expression traduisible en français par « sortie de secours ». Le mot « River » est traduisible, selon les cas, par fleuve, rivière, ou cours d'eau, mais il est contextuel dans « the dam built on the Indus River » où on l'omettra pour ne dire que « le barrage construit sur l'Indus » ou dans « we shall have lunch on the river », « nous mangerons sur le bateau ».

Il est intéressant de voir d'un peu plus près le rôle des mots traduisibles en interprétation et de voir ce que sont les « équivalents » pré-existants en deux langues. Nous avons vu qu'un certain nombre de mots qui relèvent d'une même expérience élémentaire : « soleil », « père », « amour », « mort », etc. possèdent des équivalents dans les autres langues. Nous qualifierons de « traduction étymologique » la traduction de ces mots ; elle est valable pour la restitution du sens premier des mots, « père » devenant « father », « Vater », etc. dans son sens élémentaire. Cette traduction étymologique n'est plus de mise cependant dès lors qu'un mot n'est pas utilisé dans son sens premier, « Mutter » peut alors être « matrice » et même « écrou » dans « Schraubenmutter » ; « placenta » dans « Mutterkuchen », etc. Nous qualifierons cette traduction de « conventionnelle ». Les spécialistes s'efforçant de créer dans leurs domaines respectifs une terminologie où le mot soit clairement symbole de l'objet ou du concept et ne puisse prêter à confusion, nombreux sont les mots possédant un équivalent conventionnel dans d'autres langues.

De plus en plus, les organisations qui tiennent régulièrement des réunions internationales nomment des commissions de terminologie composées d'experts qui relèvent et définissent les termes utilisés dans le secteur et dans les langues qui les intéressent, et en établissent des listes parallèles. Tout en précisant qu'il serait dangereux de laisser des limites trop vastes au domaine à l'intérieur duquel un mot n'a qu'un seul sens et donc un équivalent certain dans une autre langue, il faut souligner l'importance pour l'interprétation de l'existence de ces équivalents conventionnels. Les mots définis dans les deux langues deviennent pour ainsi dire des noms propres correspondant à des objets ou à des notions connus dans tous leurs détails. Ils possèdent de ce fait une traduction toujours valable, un caractère de traductibilité à toute épreuve dans un domaine déterminé.

Ces glossaires internes, reflétant les conventions passées entre les techniciens d'une même organisation pour leurs propres besoins sont plus précieux pour l'interprète que les dictionnaires dits techniques, dont les définitions sont la plupart du temps trop larges et les équivalents souvent trop étymologiques. Que ce soit une Commission de normalisation des appareils à gaz, ou une réunion internationale de cheminots qui discutent de l'introduction de « l'attelage automatique », c'est dans le glossaire établi par la Commission terminologique de l'Organisation en question que l'on aura le plus de chance de trouver l'équivalent exact dans l'autre langue.

Prenons l'exemple d'un terme comme « calorific value » en anglais. La tendance immédiate, le réflexe conditionné en quelque sorte, serait de traduire « étymologiquement » le sens premier de chacun des mots, et de dire par conséquent « valeur calorifique » en français. Les experts français de la Commission terminologique par contre, qui ne partent pas du terme anglais, mais de leur connaissance de la « chose » et de la manière dont ils l'expriment en français, avancent l'expression « pouvoir calorifique » qui devient donc l'équivalent conventionnel de « calorific value ». Pour établir le glossaire il ne leur reste plus alors qu'à juxtaposer « calorific value » et « pouvoir calorifique ».

Traduire étymologiquement, en rendant le sens premier d'un terme, n'est donc pas toujours une traduction utile ; cela l'est même rarement au niveau des conférences internationales. Aussi lorsque nous disons que certains mots sont « traduisibles », nous n'entendons pas seulement la traduction de leur sens premier, mais bien la *recherche des équivalents dans une autre langue,* qui s'énoncent dans l'indépendance du sens premier du mot original.

Voici quelques exemples : « Kalkulatorischer Wert » / « Valeur actualisée » (et non calculée) ; « Sellers' Market » / « Marché fort » (et non de vendeurs), etc.

Les dictionnaires ont souvent la fâcheuse tendance de ne faire leur travail qu'à moitié : ils relèvent les termes utilisés dans une langue mais se contentent ensuite d'en traduire le sens premier, au lieu d'établir des listes indépendantes et de les juxtaposer ; à cela s'ajoute le fait que ces dictionnaires multilingues se bornent en général à donner des mots censés correspondre à d'autres mots, sans définir les uns et les autres par une description précise de l'objet désigné ou de la notion correspondante et sans en limiter suffisamment le champ d'application.

Pour interpréter les mots *traduisibles,* l'interprète, lui, qui doit se faire comprendre et qui utilise donc la langue de ses auditeurs telle qu'elle est parlée par eux, ne traduit pas le sens premier des mots mais en fournit l'équivalent existant dans l'autre langue ; il ne s'agit donc ni de la création de correspondances dont la validité ne dépasse pas le cas d'espèce (comme pour les mots contextuels), ni des traductions que nous avons qualifiées d'étymologiques parce qu'elles ne rendent que le sens premier du mot, mais d'un automatisme reposant sur un fait d'apprentissage et de mémoire, que nous appelons traduction conventionnelle. Celle-ci produit le terme correct dès qu'apparaît à l'audition le terme correspondant.

Nous voyons donc qu'il existe trois niveaux d'équivalence des mots. *La traduction étymologique (celle du sens premier des mots) ; la traduction conventionnelle (celle qui fournit en guise d'équivalents agréés les termes usités dans un secteur déterminé), et la traduction contextuelle, ré-expression créatrice qui fournit des équivalents linguistiques à validité unique dans un contexte donné.*

Il est probable que tant que l'on n'aura pas appris aux machines à traduire à faire la distinction entre ces trois niveaux d'équivalence, on ne pourra pas en tirer un service utile.

terminologie spécialisée

Pour que se développe l'automatisme de la traduction conventionnelle il faut un apprentissage terminologique constant. Pour chaque conférence l'interprète est obligé de compléter ses connaissances par une acquisition supplémentaire de vocabulaire. Cet effort ne s'arrête à aucun moment : avant la séance ce sont les encyclopédies qui sont, avec les glossaires des Organisations, les instruments de documentation terminologique des interprètes de conférence : ils y retrouvent le sens des mots placés dans le contexte qui les intéresse ; ils ne les y trouvent qu'en une seule langue, certes, mais en lisant successivement les articles traitant des mêmes sujets dans une encyclopédie américaine ou dans un dictionnaire encyclopédique français, ils établissent maints équivalents intéressants.

Si précieux soient-ils, ces glossaires et ces encyclopédies restent des instruments de travail mis au point pour d'autres disciplines que l'interprétation ; les glossaires permettent aux spécialistes de lire un original dans le texte, au traducteur de trouver les termes qui lui sont nécessaires ; de leur côté les encyclopédies sont destinées au grand public. Ni les unes ni les autres ne relèvent les interprètes de la nécessité d'extraire le vocabulaire des documents de travail de la conférence et de noter en cours de séance les termes dont font usage les orateurs. Les textes destinés à la réunion sont pour les interprètes la source la plus pertinente de vocabulaire dans les deux langues : communications préparées sur un même sujet par des ingénieurs français et par des ingénieurs américains, indépendamment les uns des autres ; comptes rendus de réunions précédentes de la même Organisation, etc. L'interprète français commence par lire les textes des participants de langue française. Lorsqu'il est bien imprégné du parler français dans le contexte qui l'intéresse, lorsqu'il sait qu'un projeteur français de barrages parle de « tractions dans le béton » et de « continuité du profil » etc. il lit les communications en anglais pour juxtaposer les tournures françaises nouvellement acquises en regard des termes anglais ; ce faisant il découvre, pour l'apprendre et le réutiliser dans son travail, que l'anglais « structure » est un « ouvrage » en français, « spillway » un « évacuateur de crues » et « backwater sloughing » une « érosion régressive ». Dans d'autres contextes il apprendra que « peas » pour un Texan ne veut pas dire « pois » mais « arachides » ; que « to brood » dans le langage de la vulgarisation agricole américaine signifie « soigner la couvée » et non pas « couver » ; ou encore que pour certains spécialistes « wire » n'est pas un « fil de fer » mais une « toile métallique ».

Cette acquisition constante de vocabulaire s'accompagne chez l'interprète de la conscience aiguë des limites de validité de certaines acceptions qui restent spécifiques au seul cadre d'une conférence donnée ; le sens des mots peut varier non seulement d'un secteur à l'autre (le « roulement » français étant en allemand « Kugellager » en aciérie, mais « Wälzlager » en boulonnerie), mais même à l'intérieur d'une même industrie, selon les régions, les Français disent « ferraille » là où les Belges disent « mitraille », alors que « bocage » (scrap de fonte), n'est utilisé dans cette acception que dans l'Est de la France.

Tout cela est fort bon. Mais il est évident que l'interprète ne peut pas se contenter d'apprendre des mots et leurs équivalents sans chercher à savoir ce qu'ils expriment. Ce n'est pas lorsqu'on aura appris que l'équivalent français du mot anglais « spigot » est « buse » que l'on aura appris grand chose, si on ignore ce que signifient ces deux mots : chez l'interprète le processus d'acquisition du vocabulaire consiste habituellement à constater dans la langue maternelle l'ignorance d'un terme, à en trouver le sens, puis à en rechercher l'expression dans l'autre langue.

Lorsqu'il connaît la terminologie dans sa propre langue, l'interprète étudie des textes dans la langue étrangère qu'il devra interpréter (langue « B » ou « C ») ; il établit ainsi la concordance correcte de la terminologie dans les deux langues. Il arrive d'ailleurs parfois que cet exercice lui fasse examiner de plus près certains termes de sa langue maternelle dont l'apparence anodine ne l'avait pas frappé. Il se peut qu'il ait vu sans s'y arrêter le mot « sous-pression » dans un document sur les barrages ; c'est en voyant le mot anglais « uplift » qu'il note qu'une sous-pression est une pression qui s'exerce sur la base d'un barrage et non pas une pression inférieure à la norme, comme il aurait pu éventuellement le penser.

Il n'en reste pas moins que la question souvent posée aux interprètes reste légitime : « Que fait un interprète lorsqu'il entend un mot technique qu'il ignore ? » Cette question peut être divisée en deux — soit que l'interprète ignore le *sens* du mot, soit qu'il en ignore la *traduction*. Il arrive d'ailleurs aussi qu'il ignore les deux, car quelle que soit sa préparation, un interprète n'est jamais à l'abri des surprises que lui préparent les mots surgissant inopinément en cours de réunion. S'il en ignore le sens, il peut, en consécutive, le demander aux participants ; en simultanée le répéter phonétiquement (souvent les techniciens connaissent les mots techniques dans l'autre langue), en attendant d'en comprendre le sens et d'entendre les orateurs lui en fournir l'équivalent. C'est là qu'intervient une précieuse source de documentation et que l'interprète se trouve dans une situation privilégiée parmi ceux qui font œuvre de traduction : il tire avantage de la situation particulière dans laquelle il se trouve, du contact vivant qu'il a avec les deux langues.

Prenons un exemple : dans un congrès de la Navigation où il est question de digues à l'entrée du port, une partie de la digue s'appelle « risberme ». Ce mot est complètement inconnu de l'interprète français ; frappé par son étrangeté, celui-ci le note et cherche à en comprendre le sens dans le déroulement de l'intervention à l'aide des diapositives projetées, des glossaires dont il dispose, etc. Il se trouve enfin prêt à l'utiliser lorsqu'il entend « shoulder » en anglais.

Les mots complètement inconnus de ce genre sont rares et peu dangereux du fait même que l'interprète a conscience de les ignorer et en recherche rapidement le sens.

Les mots qui semblent connus alors qu'ils ne le sont pas sont autrement dangereux : le problème de « risberme » en français, est plus simple à résoudre que celui de « shoulder » dans le même contexte ; dans le premier cas, on recherche sans hésitation le sens du terme et son équivalent en anglais. Dans le deuxième, en entendant « shoulder » la réaction première risque de donner « épaule », sans chercher plus loin. Mais l'interprète, continuellement en contact avec la *langue vivante* se distingue par le doute toujours en éveil qu'il a à l'égard des mots. Il sait que « shoulder », pas plus qu'un autre mot, ne peut avoir le même sens dans tous les domaines, et il se méfie toujours des traductions étymologiques. Il ne tarde pas à faire le rapprochement entre « shoulder » et « risberme » utilisé par les participants français.

Les mots dont on connaît ou tout au moins dont

on comprend le sens, mais dont l'équivalent dans l'autre langue échappe momentanément sont beaucoup plus fréquents.

Prenons l'exemple d'un interprète assurant l'interprétation française. Il entend l'orateur allemand parler de « Eiweiss » ; pour une raison quelconque « protéine » ne lui vient pas spontanément à l'esprit ; il repousse avec humeur « blanc d'œuf » qui ne manque pas de se présenter traîtreusement à son esprit et s'arrête, faute de mieux, à « albumine ». A l'orateur allemand succède un participant français qui a compris l'interprète et qui, son tour venu, parle de protéine ; or l'interprète français, ne travaillant pas lorsque les Français parlent, les écoute et relève le vocabulaire qu'ils emploient. Lorsqu'il entend « protéine », il sait immédiatement que c'est le mot qu'il cherchait.

Les interprètes prennent beaucoup de notes en cabine ; certaines peuvent paraître simplistes car elles n'ont pas une allure technique mais elles sont importantes car elles permettent à l'interprète de s'exprimer avec une plus grande propriété de termes : si les Français parlent de « traiter un terrain à l'insecticide », là où les Anglais parlent de « to spread an insecticide », les interprètes français notent l'expression et s'en servent. Je me souviens aussi avoir gardé sous les yeux pendant des séances entières de l'Assemblée Consultative du Conseil de l'Europe le mot « député » pour ne pas me laisser entraîner à dire « membre du Parlement » sur le modèle anglais qui revenait constamment dans mes écouteurs.

Ayant conscience des limites de ses connaissances

l'interprète ne relève pas seulement les mots qui lui sont totalement inconnus mais dans les domaines où il n'a pas une connaissance de spécialiste, il aborde tous les mots avec une certaine suspicion car tous peuvent recéler un sens inconnu. C'est parce qu'il sait qu'il ne connaît qu'une partie limitée de la langue et même de sa propre langue maternelle qu'il surmonte les difficultés que lui créent les termes qu'il rencontre dans des domaines qui lui sont peu familiers.

Les mots dont il faut rechercher les équivalents dans l'autre langue obligent l'interprète à un travail de préparation et à une attention soutenue tout au long de la conférence pour relever les termes qui lui permettent d'établir des correspondances correctes. En même temps cependant l'existence de ces mots « traduisibles » facilitent son travail dès qu'il les connaît, car il devient alors inutile de les *interpréter,* de les réexprimer en faisant abstraction de leur forme verbale originale, comme cela est nécessaire pour la plus grande partie du message où ils s'intègrent. L'automatisme presque complet avec lequel ils se présentent à l'esprit au bout de quelques heures de travail diminue fortement la tension que l'interprète connaît par ailleurs.

EXPRIMER

I

DISSOCIATION LANGUE/PENSÉE

Pour comprendre l'orateur, nous l'avons vu, l'interprète dispose d'une maîtrise hors pair de la langue originale et d'une connaissance suffisante du sujet traité ; partageant la situation dans laquelle se trouvent les interlocuteurs, il sait en quelle qualité se prononce l'orateur et discerne le but de chacune de ses interventions ; il se fonde sur ces connaissances pour analyser la parole de l'orateur et la comprendre. Il nous reste à voir comment il exprime ce qu'il a compris pour *se faire comprendre à son tour.*

Etant donné l'ensemble du processus que nous venons de décrire, l'interprète se retrouve au moment de parler dans la situation habituelle de quelqu'un qui s'exprime spontanément. Etant en possession d'une pensée qui, momentanément, l'occupe entièrement, il l'exprime dans sa langue maternelle, ce qui relève du processus mental normal de la parole. Plus la compréhension de la pensée étrangère est poussée, plus cette pensée est devenue celle de l'interprète, et plus les trois phases de l'interprétation (audition — compréhension — expression) donnent l'illusion de n'en faire que deux (audition — expression) et font croire à l'observateur peu attentif qu'il y a transposition littérale.

Cependant, c'est à cause du stade intermédiaire de la compréhension entre l'audition et l'expression que la restitution du message s'effectue avec une telle rapidité. En effet, la phase intercalaire, celle de la compréhension, s'accompagne du phénomène le plus important que comporte l'interprétation : la disparition de la forme verbale qu'avait emprunté le message de l'orateur et l'apparition à sa place d'une « pensée-interprète » ; de la sorte, le message retourne à l'état de concept non formulé, analogue à celui dans lequel il se trouvait avant d'être exprimé par l'orateur, et il peut à nouveau être exprimé à la vitesse normale de la parole.

La différence qui sépare ces deux « pensées » est que celle de l'interprète est plus structurée dans les détails et les nuances que ne l'était celle de l'orateur avant d'être énoncée. En effet, la pensée originale non formulée est encore, pour une bonne part, intuitive et ne se précise qu'au moment de sa formulation, grâce à un « feed-back » constant où l'énoncé présent oriente l'énoncé suivant, permettant le développement qui explicite le concept.

Lors de la restitution du message, l'interprète connaît aussi ce contrôle de la pensée par la parole. Mais il s'en sert non pour amplifier ou détailler le concept même, puisque celui-ci l'est déjà grâce à sa formulation première, mais pour en préciser l'expression, de sorte que dans la bouche de l'interprète les idées de l'orateur apparaissent parfois plus clairement que dans leur énoncé original. L'orateur se dépense à préciser son idée et à lui trouver un langage seyant ; l'interprète fait l'économie du premier effort, la pensée qui lui parvient étant tout élaborée. Il peut donc faire porter tout son effort sur l'expression et rechercher les meilleures formes pour « faire passer » une pensée préexistante.

La version « interprète », étant l'expression spontanée d'une idée, n'a aucune raison théoriquement de se ressentir du fait que celle-ci avait initialement été énoncée dans une autre langue. *Ce que dit l'interprète est donc, en principe, indépendant de la langue étrangère.*

La notion de la dissociation de la pensée et de son expression verbale surprend ceux pour qui, dans un milieu unilingue, pensée et langage se sont toujours confondus. En effet, en apprenant à parler, l'enfant apprend à exprimer dans les mots de sa langue maternelle les sensations qu'il éprouve et qui sont préexistantes aux mots mais qui se confondent très rapidement avec le langage. Il apprend ensuite à formuler des concepts dont les notions lui viennent pour l'essentiel par la voie des mots qui véhiculent les pensées d'autrui. Ainsi est-ce grâce à la parole que l'être humain prend pleinement possession de sa pensée, la développe et la précise, dépassant le stade des sensations pour atteindre celui des concepts. Si l'on a si souvent tendance à croire que *penser* et *parler* ne font qu'un c'est que la pensée humaine n'aurait pas pu exister dans sa complexité sans l'aide de la parole qui la nourrit d'apports extérieurs et qui l'exprime dans son originalité en la structurant, la précisant et la développant. Cela ne signifie pas que penser et parler ne font qu'un, mais qu'il existe un va-et-vient constant de pulsions mentales qui se traduisent en paroles et de paroles qui se réduisent à des pulsions mentales.

L'interprète, rompu à l'expression de sa pensée dans différentes langues sait combien est mal posée la question qu'on lui adresse si souvent : « Dans quelle langue pensez-vous ? » Il sent qu'avant d'être formulée la pensée est non verbale, et que d'autre part, une fois développés et précisés par la parole, les concepts retrouvent, dans l'esprit individuel, une forme « a-lingue ». Il sait que les connaissances et l'expérience humaine ne sont pas emmagasinées dans le cerveau sous une forme verbale et il a conscience de ce va-et-vient constant entre la codification linguistique qu'est la parole et le maniement non verbal des concepts qu'est la pensée, et sait que c'est là le propre de l'activité mentale de *l'homo sapiens.*

II

LANGUE MATERNELLE ET INTERFÉRENCE LINGUISTIQUE

Dans la langue maternelle de l'adulte le processus de codification linguistique est spontané. C'est là un avantage naturel dont l'interprète ne se départit pas ; il choisit pour s'exprimer sa langue maternelle, réservant à son analyse sa langue acquise.

Il existe des interprètes qui ont la même spontanéité en deux langues ; ce sont les vrais bilingues, extrêmement rares, les exceptions qui confirment la règle selon laquelle l'interprétation simultanée n'est praticable correctement que dans la langue maternelle. Certains types de discours par contre peuvent, en interprétation consécutive, être pratiqués dans une langue acquise. Mais c'est essentiellement la spontanéité de la langue maternelle qui explique d'une part la rapidité de la retransmission du message et, d'autre part, l'intelligibilité de la forme qu'il revêt dans l'interprétation.

Le problème de la communication, c'est-à-dire celui de la compréhension mutuelle, est déjà considérable lorsque celle-ci doit s'établir entre personnes d'une même culture ; quelle extraordinaire entreprise, à plus forte raison, que d'essayer de faire comprendre un orateur à des auditeurs appartenant à une culture différente, habitués à des façons de penser, à des références culturelles différentes ! C'est pourtant en cela que consiste la tâche de l'interprète, puisqu'il sert par définition à établir une compréhension mutuelle entre ceux qui, ignorant la langue les uns des autres, sont forcément plus ou moins ignorants également de leurs cultures.

Il y parvient essentiellement parce que la spontanéité de sa langue maternelle lui procure la faculté de s'adapter à ses auditeurs et d'assurer ainsi leur entendement.

La vie abonde en langages qui permettent d'exprimer clairement une information en l'absence de moyens d'expression classiques. Je me souviens d'une jeune Grecque rencontrée en vacances qui réussit à nous faire comprendre que la jeune fille qui était avec elle était sa sœur jumelle ; elle accompagnait ses paroles volubiles et incompréhensibles pour nous d'un geste de la main dont deux doigts désignaient alternativement sa sœur et elle-même pour ensuite se porter sur son ventre jusqu'à ce que nous ayons compris qu'elles avaient été ensemble dans le même giron. Cet exemple parmi tant d'autres est pris à un niveau d'information très élémentaire mais l'interprète qui possède la maîtrise de la langue ne procède pas très différemment lorsqu'il passe du concept à l'expression. Mû uniquement par le concept, poussé par la clarté de la pensée qu'il a fait sienne, il crée son expression dans une fidélité absolue au sens. Ce sens a été exprimé une première fois par l'orateur ; pour être clair dans le contexte et la situation où il se trouve, celui-ci n'a pas un choix infini de mots ou de formules synonymes. De même, pour exprimer « sa » pensée à son tour, l'interprète qui a « oublié » les mots de l'orateur mais qui a appréhendé le message dans son intégralité, ne peut pas dire « n'importe quoi », car il n'y a pas mille façons de dire la même chose dans un contexte donné. Ce qu'il dit rejoint donc non seulement le sens du discours mais aussi le style de l'orateur, marque de sa personnalité.

Lorsqu'on sait, pour en avoir mangé ou pour avoir assisté à sa fabrication, le genre de fromage qu'est un « processed cheese » et que l'on possède bien sa langue maternelle, on trouve « fromage cuit » sans que le mot « process » intervienne en quoi que ce soit dans ses « traductions » : « transformer », « traiter », etc. Au lieu de faire à la manière d'un dictionnaire le rapprochement entre « process » et tous les sens que ce mot peut avoir, l'interprète pense à la *chose* qu'est un « processed cheese », il *voit* en imagination un fromage de ce type, puis dit en français la catégorie de fromage dont il s'agit.

Interpréter c'est donc aussi savoir s'exprimer clairement, avoir une grande maîtrise de sa langue maternelle et du langage oral, pour être capable de créer sans cesse toutes les formules nécessaires à l'expression.

Certes l'interprète ne connaît pas d'emblée toutes les expressions utilisées dans des domaines spécialisés. Il peut savoir ou parfaitement comprendre une chose, sans trouver instantanément l'expression consacrée entre experts ; cela est souvent le cas lorsqu'il s'agit d'une expression très spécialisée. Il en exprime néanmoins généralement le sens avec une clarté parfaite, à tel point que les auditeurs croient souvent entendre le mot juste parce qu'ils en comprennent le sens.

Le but que l'interprète se fixe est de transmettre le message avec une fidélité absolue, c'est-à-dire de le faire comprendre à ses auditeurs aussi bien que l'ont compris ceux qui écoutaient l'orateur « en direct ». Pour atteindre cette fin il ne lui suffit pas de comprendre intégralement le message. Un exégète d'une valeur même exceptionnelle faillirait à sa tâche s'il n'arrivait pas, faute d'une capacité d'expression suffisante, à passer la rampe. Les interlocuteurs ne se rendent guère compte de ce passage successif de la parole à la compréhension et de la compréhension à l'expression. Il ne leur semble pas qu'il y ait là autre chose que la connaissance d'un vocabulaire. Ils félicitent donc volontiers l'interprète de la qualité de son vocabulaire technique, n'ayant ni pu remarquer que c'est eux qui lui en fournissent une bonne part au fur et à mesure que progresse la conférence, ni que c'est la capacité de compréhension et d'expression de l'interprète qui leur permet d'appréhender le contenu sémantique du message qu'il leur transmet.

Cependant nous avons beau dire qu'une pensée parfaitement assimilée ne présente pas de difficulté d'expression, il n'en reste pas moins que la coexistence constante de plusieurs langues en réunion internationale affecte l'interprète. Le phénomène d'interférence linguistique est universel ; de nos jours les journaux français diffusent quotidiennement des informations d'agences de presse anglo-saxonnes pullulant d'anglicismes qui font ensuite fortune en français ; c'est un phénomène qui se retrouve aussi dans les régions dites bilingues et chez les individus qui parlent plusieurs langues ; nul n'y échappe vraiment au contact d'une langue étrangère.

Ce phénomène d'interférence est très apparent dans les réunions internationales. C'est ainsi que nous avons entendu un éminent financier français dire : « Je vais vous introduire l'orateur » (May I introduce the speaker). Un non moins éminent professeur à la Sorbonne parler du « patron du développement juvénile » (pattern of juvenile development), et que nous avons vu en quelques heures se dégrader l'anglais d'un remarquable technicien américain qui, dans un entretien avec un technicien français, renonça très vite au terme correct pour le type d'excavatrice dont il parlait (« reclaimer ») pour forger « scraper » lorsqu'il entendit le terme français « gratteur », et qui se mit à dire « sounding » au lieu d'utiliser comme il le faisait au début le terme exact de « drilling », lorsqu'il entendit son interlocuteur parler en français de « sondages ».

Ce phénomène relève du souci normal d'intelligibilité du langage : les interlocuteurs en conférence cherchent à communiquer ; pour se faire comprendre ils adaptent leurs expressions à celles de leurs interlocuteurs. Ce souci rapproche les langues qui sont en contact et les dégrade. Inversement, c'est ce même souci de communiquer qui, lorsqu'il se manifeste à l'intérieur d'une même langue, lui permet de se préciser et de s'enrichir.

En consécutive, l'interprète dispose d'un recul qui lui permet d'oublier plus facilement les mots de l'orateur et donc sa langue ; il échappe donc, plus ou moins naturellement, à la contamination linguistique. En simultanée, par contre, il s'exprime alors que ses oreilles tintent constamment de la langue de l'orateur. L'interférence est beaucoup plus immédiate, et s'il n'est pas aussi difficile que le croient tant de profanes, de parler et d'entendre à la fois, il est effectivement difficile à l'interprète de ne pas « reprendre », en en adaptant la prononciation, des mots de l'autre langue à cause de leur parenté étymologique, du souvenir de leur sens le plus courant, ou de leur ressemblance phonétique ; il est tenté de la sorte de traduire le sens premier du mot au lieu de son sens contextuel. C'est ainsi qu'il risque lui aussi de dire « scraper » pour « gratteur » et « sounding » pour « sondages » et que l'anglais « hibridisation » a du mal à devenir « hybridation » tout court en français.

Entre interlocuteurs qui se parlent sans intermédiaire la contamination linguistique est positive car, adaptation à l'interlocuteur, elle facilite sa compréhension. Par contre, lorsqu'elle affecte la langue de l'interprète, elle est source de confusions et de malentendus. L'interférence dans ce cas en effet n'est pas due à la langue de l'interlocuteur auquel l'interprète s'adresse, mais bien à celle qu'il est censé traduire pour qui ne la comprend pas. Son rôle de tiers dans le dialogue l'amène donc à résister très consciemment à l'interférence de la langue qui lui parvient mais par contre à tout faire pour adapter délibérément son langage à celui de son auditeur.

Chez l'interprète débutant la résistance à l'interférence linguistique est encore un acte conscient ; chez l'interprète expérimenté elle devient réflexe et seconde nature, si bien que l'interprète trouve dans sa propre langue le mot qui lui semble le moins proche de l'original, par sa sonorité et par son sens le plus fréquent... parfois même lorsqu'il eût été tout aussi juste et beaucoup plus simple de reprendre le même terme.

Les risques d'interférence sont grands lorsque les langues sont rapprochées par leur origine commune ; il est par exemple tentant de dire « périlleux » pour « pericoloso » et « mauvais garçons » pour « malviventi » en interprétation d'italien en français, alors qu'il serait plus exact et plus proche du style de l'orateur (qui n'a rien de précieux) de dire « dangereux » et « bandits ». L'anglais présente, dans une moindre mesure le même genre de difficulté pour le français. Les mots qui se ressemblent dans les deux langues possèdent souvent un sens proche, mais ils présentent en plus du danger d'être de « faux amis », celui d'exprimer ce sens dans un registre différent de la langue.

Dans les langues proches cependant, l'interférence a beau rendre l'interprétation médiocre, elle ne la rend pas complètement incompréhensible, une partie du sens passant malgré la tournure inhabituelle du langage. Dans les langues dont le vocabulaire et la grammaire sont très différents, l'interférence est moins évidente, mais beaucoup plus dangereuse car les concepts s'y expriment de façon très différente et une transposition trop directe serait en grande partie inintelligible (allemand ou japonais traduit en français par exemple).

III

S'EXPRIMER : UN ACTE CRÉATEUR

Dans la vitesse de sa restitution, dans l'oubli des mots prononcés par l'orateur, dans sa fidélité au sens, l'interprète produit souvent des formules qui étonnent quand on les compare aux mots de l'original, pris isolément ; réflexion faite, on se rend compte qu'elles s'intègrent parfaitement dans la logique de l'intervention, et, ce qui est caractéristique, constituent toujours un choix délibéré de clarté.

Voici quelques exemples glanés en séance dans l'interprétation simultanée d'interventions faites en anglais et en allemand : « If anyone has a genius for making and managing money » : « managing » a été rendu par « faire fructifier » ; n'est-ce pas plus clair que si l'interprète avait parlé de « gérer » ou d'« administrer » ?

Dans la phrase « in diesem Entwicklungsland... wo

sich die Regierung eine unbrauchbare Maschine hatte *aufschwatzen* lassen », il fut dit : « ...le Gouvernement s'était fait *embobiner* » ! Pris isolément les deux termes ne correspondent ni du point de vue étymologique ni du point de vue strictement sémantique. On aurait pu, en réfléchissant, et en gardant à l'esprit le mot original, trouver d'autres termes plus proches de « schwatzen » mais « embobiner » rendait pleinement justice au but auquel tendait l'orateur allemand, le sens de ce qu'il disait était parfaitement intelligible pour ses auditeurs français, dans le respect de la familiarité de son style, grâce à un mot aussi imagé que celui qu'il avait employé, et dans un français aussi idiomatique que l'avait été son allemand.

Il ne s'agit pas de rendre par un mot unique ou par une périphrase tous les sens que peut évoquer un mot dans une autre langue, ni même de n'en rendre qu'un en l'isolant de son contexte, mais de créer, indépendamment de la langue originale, les formules les mieux faites pour transmettre le sens et le style du message, et ce dans une recherche de clarté et de précision d'autant plus grande que l'interprète qui n'entend qu'une seule fois le message de l'orateur, ne parle lui aussi qu'une seule fois, et que c'est par cet énoncé unique qu'il doit se faire comprendre.

L'interprète vise constamment à faire réagir ses auditeurs à l'intervention de l'orateur dans le sens désiré par celui-ci. Précisons que nous ne traitons pas ici de la parole « esthétique »[1], celle par laquelle

1. Voir Jean GAGNEPAIN, « Linguistique et Rhétorique », *Revue de l'Enseignement Supérieur*, octobre 1967.

l'artiste communie avec ceux qui éprouvent les mêmes sentiments que lui. Nous parlons de la parole « cybernétique » qui est la forme que prend un message oral tendu vers un but qui n'est atteint que dans la réaction de l'interlocuteur. Cela est évident pour l'orateur qui s'adresse à des auditeurs de sa propre langue — il ne se sera fait comprendre que si le dialogue s'engage, et si la réaction de l'interlocuteur porte bien sur « ce » qu'il a dit ; il faut que l'interprète obtienne le même effet chez les interlocuteurs étrangers.

Prenons à cet égard un exemple de plus, celui du mot « background » si souvent utilisé en anglais. Bien sûr, « background » est un arrière-plan, une toile de fond, mais lorsque dans une conversation entre personnes retrouvant des points d'intérêts communs, l'un dit à l'autre : « what is your background ? » ce n'est pas au sens premier du mot que pense l'interprète « en situation », mais à la réponse que veut obtenir l'interlocuteur et c'est ce qui lui fait dire : « quelle est votre formation ? » De même qu'une autre fois il pourra dire à propos d'un « background paper » : « texte d'information générale », ou parler de « contexte » (« against that background »), ou encore d'« origine » (« immigrants with various backgrounds »), et ainsi de suite ; il fera varier très largement son expression en fonction du sens général de l'intervention, quel que soit, hors contexte, le sens de « background ».

Dans un chapitre précédent il a été dit que l'interprète ne « sait » pas, à l'instar d'un dictionnaire, les quelques dizaines de termes qui pourraient correspondre à « background », mais qu'il *crée*, selon les circonstances, l'équivalent le plus propre à exprimer ce que veut dire l'orateur. C'est ainsi que, s'efforçant d'exprimer « sa » pensée le plus librement possible, l'interprète a parfois de véritables trouvailles qui pourraient faire croire à un patient travail de réflexion, alors que c'est son souci de se faire comprendre qui assure à sa parole sa spontanéité idiomatique, qui lui conserve le caractère percutant propre à tout original. L'auditeur « étranger » qui n'entend pas les mêmes mots que l'auditeur de l'original, entend donc néanmoins la même chose.

Voici un extrait relativement long d'une interprétation consécutive :

Il est dit — à propos de la guerre du Vietnam — par un Américain : « The old emotional commitment has long since drowned in the hopeless swamps of the Delta. The China Lobby is ageing and enfeebled. The demand for a complete withdrawal becomes daily more vocal inside Congress and even within the Administration. The Americans would gladly pull out to-morrow if they could honestly persuade themselves that this would be the end of the story. »

Voici l'interprétation prise sur bande magnétique :

« L'ardeur qui les animait au début s'est enlisée depuis longtemps dans les marécages fétides du Delta. Le lobby chinois est vieux et usé, son influence s'affaiblit de jour en jour. Des voix se font entendre de plus en plus fortes, au Congrès, parfois même au sein du gouvernement « Que les Américains retirent leurs troupes » ! Les Américains plieraient certainement volontiers bagages s'ils avaient la conviction que leur départ n'entraînerait pas de conséquences catastrophiques... »

Malgré plus de quinze ans de métier, et bien que le but de cet ouvrage soit de dire ce qu'est l'interprétation, j'ai hésité à reproduire intégralement cette version, pourtant parfaitemnt typique de la consécutive. Je retrouve, au vu de la formule écrite, toutes les hésitations classiques et j'imagine le chœur des critiques : « old emotional commitment » n'est pas « une ardeur qui animait » ; « hopeless » n'est pas « fétide », « to-morrow » n'est pas « certainement », etc. Examinons cependant les choses de plus près. En l'enregistrant pour pouvoir le reproduire par écrit, j'ai donné au mot « hopeless » que je prends comme exemple, une existence qu'il ne possédait pas à l'audition, puisque en transformant le langage oral en langage écrit, je lui ai donné un caractère rémanent. A la lecture on peut s'attarder sur un mot sans risquer de laisser échapper le reste de la phrase ou de l'idée ; à l'audition on a le choix entre garder une attention soutenue ou réfléchir sur un mot au risque de laisser échapper les idées qui suivent. Plaçons-nous dans le contexte de l'audition sans interprétation : on n'écoute pas une intervention d'un point de vue syntaxique ; personne, en entendant cette intervention, n'aurait remarqué qu'un « swamp » ne peut guère être « hopeless ». L'orateur d'ailleurs n'avait sans doute pas choisi ces termes à dessein et n'était probablement pas conscient de les avoir utilisés. Le mot « hopeless » avait-il une importance particulière en tant que tel, dans son sens immédiat ? ou précisait-il simplement la tonalité générale du concept en évoquant plus qu'il n'énonçait maintes choses qui restaient sous-entendues ? L'interprète n'a pas le temps de se poser ces questions et pourtant il y répond en accolant à « marécages » une épithète qui s'accorde spontanément à ce terme en français. Est-ce que les sous-entendus évoqués par « fétide » ne sont pas très proches de ceux que suscitait « hopeless » ? Est-ce que la tonalité générale n'est pas rendue de la sorte dans une association verbale familière pour les Français ? Je ne prétends pas que « fétide » soit la traduction de « hopeless », j'affirme toutefois que cette interprétation réalisée en 30 secondes donne à l'auditeur français le même message que celui qui était parvenu à l'auditeur de langue anglaise, qu'il en a reçu tous les détails avec les mêmes nuances et dans le même style, que le message était en français aussi immédiatement compréhensible, et que les auditeurs, qui ne se souviennent ni en anglais ni en français des termes précis utilisés, ont appréhendé le même message dans son intégralité.

On pourrait peut-être trouver une meilleure traduction de ce passage, s'il s'agissait de rendre par écrit un texte écrit ; on pourrait le rédiger de façon différente en français, mais en anglais aussi il serait possible de ré-exprimer le message de façon différente !

Si je souligne constamment que la parole est fugace et que l'interprétation d'un passage de la longueur de l'extrait ci-dessus s'opère en quelques secondes, ce n'est pas en guise d'excuse pour une traduction dont la hâte expliquerait la médiocrité, mais pour souligner un des facteurs dans ce processus assez étonnant qui permet de transmettre le message dans une autre langue à la vitesse de la parole spontanée.

IV

COMMUNICATION ET PURETÉ DE LA LANGUE

Tout en évitant au maximum les impropriétés de langage et en recherchant l'expression juste pour atteindre son but (faire comprendre), l'interprète ne se considère pas comme un puriste. Il n'est systématiquement ni réactionnaire ni novateur en matière de vocabulaire dans sa propre langue ; il ne s'accroche pas exagérément au sens propre des termes lorsque ceux-ci sont en voie d'être abandonnés, il ne cherche pas non plus à introduire des mots avec un sens nouveau.

En effet, pour l'interprète, la langue n'est pas définitivement figée, elle est un moyen de communication qui évolue constamment pour s'adapter à des circonstances momentanées. Il s'éloignerait tout autant de son but s'il résistait exagérément à l'usage de termes non français (ou non anglais, etc.) que s'il ne prenait pas garde de les éviter quand les interlocuteurs les ignorent. Ainsi connaît-il le terme « cadre » en français dans le sens où il est de tout temps utilisé par les déménageurs, mais il ne s'oppose pas à « container », utilisé par les cheminots et transporteurs maritimes en français, de crainte de communiquer une nuance différente à relent ancien en disant « cadre » à des gens qui parlent de « container », et d'introduire une certaine confusion là où il doit faire régner la clarté. *L'interprète s'exprime donc dans les termes utilisés par son auditeur,* parlant même « franglais » s'il le faut.

Il sait que « standardisation » est un anglicisme et que le terme français est « normalisation », mais il n'ignore pas la nuance péjorative que le mot anglais a pris en français et il le conserve lorsqu'il s'agit d'exprimer cette nuance ; il sait aussi qu'il est inutile d'ajouter « économique » après « conjoncture » pour « Konjunktur » dans un contexte économique ; car c'est dans sa forme simple que les économistes se servent de l'expression : enfin il se soucie, dans les disciplines nouvelles, de conserver intacts nombre de mots de la langue originale qui n'ont pas été francisés. C'est ainsi que, pendant un temps du moins, il respecte « chauffe » pour le « warm up » du psychodrame et « jeu de rôle » pour « role playing » et que dans le domaine de l'électronique, il « n'exploite pas des renseignements » mais « traite des données » (« data processing »).

L'interprète sait qu'il transmet un message situé dans l'instant et que par conséquent, sa seule responsabilité est la *compréhension immédiate d'inter-*

locuteurs présents, et qu'il lui faut donc se servir de mots qui leur sont communs. Comme le grammairien Ferdinand Brunot qui, lorsqu'il entend dire « c'est-y-là ? » constate l'existence d'un adverbe « ti », il constate l'existence de termes dont il se sert à son tour pour assurer la compréhension.

Sans être puriste, l'interprète est un orateur dans le sens classique du terme ; il choisit les expressions et les formules qui portent, il parle *la* langue de ses auditeurs, ce qui signifie qu'il sait aussi, inversement, dire, par exemple, « investissements » lorsque le sens l'exige, bien que les Anglais aient parlé de « cost », et utiliser « service commercial » dans un contexte donné pour « sales organisation », et mentionner un « compte rendu » et non un « procès-verbal » pour telles « minutes » ou encore un « comité de gérance » et non un « conseil d'administration » pour tel « board » !

De son côté, lorsqu'un interprète anglais se rend compte que ses seuls auditeurs sont des Américains et ne comprennent pas les idiomatismes anglais, il se met à leur diapason et dit, le cas échéant et quoi qu'il lui en coûte, « elevator » au lieu de « lift », « a couple of weeks » au lieu de « fortnight », « truck » ou « radio » au lieu de « lorry » et de « wireless ». Il évite de singer des américanismes ou d'en créer artificiellement, mais il reprend comme il se doit, les expressions utilisées dans le contexte par ses auditeurs.

D'autre part, l'interprète combat les problèmes d'interférence que pose la coexistence de plusieurs langues en réunion, et évite les traductions littérales en mettant à profit les circonstances dans lesquelles il travaille : en particulier la présence de l'auditeur auquel il s'adresse, et le langage de celui-ci, auquel il adapte le sien... Il se fait comprendre en tenant compte du récepteur du message, de même qu'il comprenait en tenant compte de l'émetteur du message : il adapte son langage au premier, et nous allons voir que cette adaptation ne porte pas uniquement sur le choix des mots, mais qu'elle amène l'interprète à rendre sa restitution plus ou moins explicite selon l'écart qui sépare les interlocuteurs et le but de leurs interventions.

Mais auparavant, il nous faut ouvrir une parenthèse pour braquer une fois de plus notre objectif sur la conférence internationale.

V

PRÉSENCE DE L'INTERPRÈTE

Les participants à cette conférence internationale aimeraient communiquer comme ils le font entre eux lorsqu'ils parlent la même langue ; habitués à ce genre de dialogue, ils ont parfois tendance à considérer l'intervention de l'interprète comme une gêne. Comme des automobilistes agacés par la lenteur de la circulation sur un pont, qui pesteraient contre le pont au lieu de s'en prendre au fleuve, ils oublient que si l'interprète leur permet de circuler d'une langue à l'autre et leur fait franchir la barrière des langues, son rôle n'est pas de la faire disparaître ; que le concours personnel qu'il apporte ne consiste pas à abolir l'étrangeté de civilisations différentes, mais à les faire comprendre.

L'interprète est un intermédiaire comme le comédien qui ajoute son jeu au texte de l'auteur ; comme lui il sait que ce n'est pas en s'effaçant mais en intervenant avec beaucoup de présence qu'il établira le contact dont il a la responsabilité. Comme le comédien, l'interprète a plus ou moins de talent, et comme lui il est toujours présent.

Bien que son rôle soit différent de celui des interlocuteurs à la réunion, l'interprète y participe de façon aussi active qu'eux. C'est pourquoi une conférence internationale est un « trilogue » où l'interprète ne cherche ni à s'imposer ni à faire oublier sa présence, mais à assumer son rôle. L'interprète conscient de son apport personnel au bon déroulement de la conférence sait tirer une ligne de démarcation très nette entre l'intervention qui correspond à l'exécution de sa tâche (faire se comprendre les interlocuteurs), et qui fait de lui un participant au « trilogue » et celle qui le ferait abusivement intervenir dans le « dialogue » s'il teintait de ses propres convictions les messages qu'il transmet.

J'illustrerai cet aspect du rôle de l'interprète en évoquant la visite que je fis à mes débuts dans le métier, à la salle des rotatives d'un grand journal américain, avec des journalistes français dont l'un me demanda de faire préciser le nombre de « sorties » des presses. Ignorant ce qu'était une « sortie », il me fallait savoir, pour poser la question, ce que recouvrait le terme. Lorsque je le lui demandai, le journaliste me demanda de « traduire sans chercher à comprendre », considérant sans doute que l'interprète n'était pas là pour s'instruire et qu'il faisait dévier la conversation à son profit. Or mon ignorance du sens de « sorties » empêchait le dialogue de se poursuivre ; il était donc indispensable que j'apparaisse en mon nom propre pour pouvoir à défaut de connaître le terme anglais, expliquer ce que c'était (et apprendre par la même occasion que cela se disait « folder »)...

Conscient de sa mission, l'interprète s'efforce sans relâche de faire comprendre à ses auditeurs ce que dit l'orateur, il s'adresse à eux de façon personnelle pour leur « expliquer » ce qui n'est pas transposable tel quel. Sachant qu'il doit *faire comprendre* ce qu'il a compris lui-même, il n'hésite pas à assumer son rôle dans le « trilogue ». Il « explique » qu'il y a eu jeux de mots ou plaisanterie, n'en donnant que la teneur lorsqu'il ne peut pas en rendre la drôlerie instantanément ; il résume, en précisant qu'il le fait, les développements dont toutes les implications ne lui apparaissent qu'après quelques phrases ; bref, il collabore avec l'auditeur pour assurer la compréhension de celui-ci.

Les réunions internationales existent ; les interlocuteurs qui s'y retrouvent sont étrangers les uns pour les autres, c'est un fait ; vouloir oublier l'intervention de l'interprète serait nier le caractère international de la réunion. L'interprète est là, c'est lui qui parle aux auditeurs de sa langue, c'est lui qu'ils entendent avec son style et sa présence propre. Le message qui parvient aux interlocuteurs étrangers est le fait de deux acteurs et non d'un seul.

L'interprète qui intervient activement en donnant son propre cachet à sa reproduction, sans pour autant en dire moins que l'original ou dire autre chose, ne se sent pas lié par les éléments verbaux constitutifs de l'original. Interprète et donc exégète, il sait jusqu'à quel point il doit pousser l'explicitation, et à quel moment il doit exercer une certaine réserve et rester aussi littéral que posible.

Lorsque l'interprétation s'insère dans le travail quotidien de collaborateurs au sein d'une même Organisation, elle n'est guère explicitation ; des interlocuteurs qui sont en contact journalier n'ont aucune difficulté à discerner le but des interventions qu'ils échangent ; ils commencent à avoir une certaine connaissance de l'autre langue et, pour eux, l'interprétation n'est souvent qu'un appui, une aide, grâce à laquelle ils comprennent les détails qui auraient risqué de leur échapper autrement.

Par contre entre interlocuteurs de langues et de cultures éloignées, l'interprète doit parfois aller plus loin ; rendre explicite ce qui risquait d'être mal compris ; expliquer là où il n'y avait qu'une allusion, etc. Cela ne signifie nullement qu'il dit autre chose que l'orateur ; participant au « trilogue », il se garde de se transformer en interlocuteur.

Il se garde tout autant de niveler toutes les différences de culture, de traduire en français le « riz » d'un Chinois par « pain » et de combler l'écart qui sépare les interlocuteurs en l'escamotant. Interpréter en français une intervention anglaise *ne signifie pas dire en français ce qu'un Français aurait dit s'il avait été à la place de l'Anglais, mais faire comprendre aux Français ce qu'ont compris les Anglais.*

L'interprète fait donc varier l'ampleur de son langage, il est plus ou moins explicite selon que les interlocuteurs s'ignorent plus ou moins, mais il ne leur cache jamais les différences qui les distinguent et ne sous-estime ni leurs connaissances ni leur perspicacité. Traduire un « mile » par « 1,6 kilomètre » à une réunion d'ingénieurs serait ridicule, et l'interprète qui parlerait à une réunion Est-Ouest de « régime communiste » là où le représentant d'un pays de l'Est aurait dit « démocratie populaire » trahirait l'orateur, alors qu'il serait simplement explicite en faisant comprendre que le « rugged individualist » américain n'est pas un non-conformiste mais quelqu'un qui refuse toute intervention de l'Etat, et qu'il est beaucoup plus féru de « free enterprise » qu'il n'est « individualiste » dans le sens français du terme.

Le degré de l'explicitation de l'interprétation dépend du degré de connaissance réciproque des interlocuteurs, de la fréquence ou de la rareté des contacts entre leurs cultures, de leur capacité de compréhension mutuelle, mais l'explicitation elle-même ne sort pas du contenu sémantique du message ; l'interprète ne substitue pas un concept différent à celui de l'orateur ; il ne dirait pas, nous l'avons vu, « pain » à la place de « riz » s'il interprétait du chinois en français.

Dans le dernier mouvement de son « Deutsches Requiem » Brahms fait entrer en jeu des trombones pour évoquer le Jugement Dernier. C'est qu'en allemand dans les textes religieux ce sont des trombones et non des trompettes qui annoncent le Jugement dernier (*die Posaunen des letzten Gerichtes*) ; l'instrument est donc bien choisi. Le chef d'orchestre qui dirigerait ce Requiem en France, ne remplacerait pas les trombones par des trompettes pour conserver l'association d'idées avec le Jugement Dernier, il préférerait sans doute expliquer dans le programme que le terme utilisé en allemand dans cette expression biblique est trombone... Ainsi l'interprète !

VI

STYLE

Si l'interprète utilise *ses propres mots* lorsqu'il travaille, et si ce sont les *idées de l'orateur* qu'il fait comprendre, c'est aussi le *style de celui-ci* qu'il copie. Il peut fort bien arriver à un interprète de faire une périphrase lorsque le mot juste ne se présente pas immédiatement à son esprit ; il a, comme tout le monde, des expressions favorites et des tournures habituelles ; cependant, grâce au fait que le concept lui est déjà donné dans toutes ses nuances, il retrouve les aspects essentiels de la forme originale du message, c'est-à-dire les images qui ont été évoquées et le choix des termes.

Le style d'un orateur est marqué entre autres choses par l'option fondamentale qu'il fait entre mots rares et mots fréquents ; son style est noble ou familier selon que prédominent les uns ou les autres. L'interprète ressent cette tonalité générale du discours et se met au diapason de l'orateur. Son intervention dans le « trilogue » ne l'amènera donc pas à adopter un style différent de celui de l'orateur : il ne sera pas trivial lorsque celui-ci était recherché ou inversement ; il évitera aussi le style hétéroclite où apparaîtrait un mélange des deux. Ainsi ne dira-t-il pas « hocher du chef » pour « nodding your heads », pas plus qu'il ne parlera de « votre chère épouse » lorsqu'il entend un président de la République Fédérale allemande qui salue un monarque étranger dire « Ihre hochverehrte Gattin ».

Si curieux que cela puisse paraître, il faut, pour rendre le style, être aussi infidèle aux mots que pour rendre le sens. « Nod » est bien « hocher » — mais le style d'un président de séance anglais qui dirait « I see you nodding your heads » ne serait pas rendu par « je vous vois hocher de la tête » alors que « ce » qu'il a dit est : « Je vois que vous êtes d'accord », ou « vous faites signe que oui », etc. C'est en comprenant l'attitude de l'orateur que l'on arrive à copier son style par un processus presque inconscient qui permet même de rendre avec une spontanéité parfois étonnante les jeux de mots de l'orateur : je me souviens d'un président de séance britannique qui dirigeait les débats de sa réunion avec beaucoup de verve et s'écria indiquant les brochures exposées au fond de la salle : « they are there for *attention* and not *retention.* » Sachant que certaines brochures avaient disparu précédemment, je me surpris à dire dans le fil de mon interprétation : « que vous êtes priés de *regarder* et non pas de *garder* ».

VII

ÉLOQUENCE

C'est dans les discours de banquet, les allocutions d'ouverture de Congrès, les discours de remerciement, etc. que le style a le plus d'importance, car pour provoquer l'émotion, l'éloquence de la présentation est aussi importante sinon plus que le contenu du message.

Le célèbre acteur Garrick prétendait qu'il lui suffisait de réciter l'alphabet pour faire rire ou pleurer un public par la seule modulation de sa voix. Sans aller aussi loin, on peut affirmer que lorsqu'il s'agit de transmettre un discours rhétorique l'interprète porte l'essentiel de son attention sur son expression. Il analyse le type d'émotion que l'orateur cherche à créer, et les moyens qu'il utilise à cet effet, plutôt que de faire porter l'essentiel de son effort sur l'analyse du contenu. Il discerne le degré de politesse qui relève de la courtoisie et celui qui est déjà obséquiosité, la tournure qui marque la préséance accordée, etc.

Le but qu'il recherche et qui prime toute autre considération est dans ce cas de « toucher » l'auditeur par son art oratoire, de l'affecter par l'incantation des mots, de jouer de la magie des sonorités, si importante dans la parole vivante. C'est dans l'interprétation rhétorique que l'interprète s'efforce de reproduire aussi fidèlement que possible la nuance que recèlent les mots. Dans aucun autre genre il ne note, en consécutive, autant d'épithètes et de tournures, il ne fait aussi attention aux formules employées, il n'est aussi proche de la forme originale. Il donne ainsi la pleine mesure de son talent d'orateur : les plaisanteries font rire, la flatterie fait plaisir, l'émotion gagne l'auditoire, les applaudissements sont sincères.

L'interprète dit, comme toujours, ce qu'a dit l'orateur, mais il n'oublie pas que pour une fois, il s'adresse à un public passif et non à des interlocuteurs et qu'il est préférable de sauter, par exemple, une allusion à un différend entre Anglais et Ecossais dans un contexte qui porte sur tout autre chose, plutôt que de l'expliquer longuement en ennuyant un public français qui ne se sent pas visé.

C'est par l'éloquence que l'interprète rend dans ce cas justice à l'orateur car il ne s'agit plus d'expliciter ou de convaincre mais d'émouvoir.

PRATIQUE
DE L'INTERPRÉTATION

Dans les sections qui précèdent, nous avons tenté de décrire en quoi consiste l'interprétation. Nous avons vu qu'elle ne peut pas supprimer la barrière des langues mais qu'elle s'attache à la faire franchir pour fournir à ses auditeurs le moyen de comprendre le message original.

Nous avons dit quels étaient les éléments qui expliquaient le processus interprétatif. Cependant pour que ce processus soit possible, il faut qu'un certain nombre de préalables soient réunis. C'est pourquoi nous allons maintenant examiner les conditions indispensables à l'exercice de l'interprétation, telles qu'elles sont réunies dans certaines grandes organisations internationales ainsi qu'au niveau de contacts politiques et économiques plus restreints mais parfois plus exigeants encore. En l'absence de ces conditions préalables, l'interprétation ne peut pas jouer le rôle qui est le sien, et c'est malheureusement souvent le cas.

En effet, nous le disons sans ambages, il arrive souvent que l'interprétation soit mauvaise. A quoi cela est-il dû ? Parfois à la mauvaise qualité de l'interprète lui-même, plus souvent encore aux circonstances dans lesquelles il travaille qui ne lui permettent pas de déployer son talent. Bien sûr, entre l'interprétation telle qu'elle devrait être, et celle, totalement inutilisable, que l'on entend parfois, il existe mille nuances ; entre le littéralisme absurde et l'interprétation parfaite, mille étapes. Nous ne chercherons pas à les préciser toutes, mais nous tenons à signaler les inconvénients dont l'élimination améliorerait la qualité de l'interprétation.

I

LA QUALITÉ DE L'INTERPRÈTE

Il est évident tout d'abord que pour que l'interprétation remplisse sa fonction il faut qu'elle soit pratiquée par un interprète véritable, ayant le niveau de connaissances des langues que nous avons défini, et ayant reçu une formation développant ses facultés d'analyse et de compréhension, sa puissance de concentration et son sens de la communication [1]. Or les exigences du métier sont mal connues et ce pour de multiples raisons. La connaissance des langues est une chose fort répandue et en même temps mal définie ; la conception du passage d'une langue à l'autre se ramène habituellement à celle d'une traduction de mots ; l'interprétation n'exige pas de connaissances spécialisées en dehors de celles des

1. A l'Ecole Supérieure d'Interprètes et de Traducteurs de l'Université de Paris, la durée de la formation des interprètes de conférence est de deux ans après la licence (ancien régime).

langues ; le métier est encore trop jeune pour que son accès soit défini par des examens précis et son exercice réglementé en fonction d'une hiérarchie de compétences. De ce fait le métier attire malheureusement beaucoup d'incompétents.

La qualité de l'interprétation s'en ressent, et plus particulièrement celle de la simultanée, plus facile à pratiquer de façon défectueuse. En *consécutive* un mauvais interprète ne survit pas longtemps ; les délégués entendent, qu'ils le veuillent ou non, ses interventions. Il s'en trouve toujours parmi eux qui savent suffisamment l'autre langue pour reconnaître si l'interprétation est exacte ; l'orateur lui-même est un juge impitoyable pour l'interprète de consécutive. En *simultanée* par contre les interlocuteurs qui savent la langue originale n'écoutent pas l'interprétation, et les auditeurs qui en ont besoin peuvent difficilement juger d'autre chose que de sa cohérence et de son intelligibilité ; ils ne peuvent pas en contester l'exactitude en se fondant sur des exemples précis, et ils ne savent souvent même pas si c'est à l'orateur ou à l'interprète qu'il faut attribuer telle incohérence ou telle banalité affligeante. Quand ils jugent de l'interprétation, c'est donc souvent pour la condamner en bloc car ils n'ont ni le temps, ni les moyens d'analyser dans le détail les causes de sa défaillance ni d'ailleurs de raison de le faire. Ainsi ils renoncent pour la plupart à mettre en cause de façon précise un service qui leur est somme toute offert par l'organisateur de la réunion. Comme disait un ancien directeur de l'Ecole des Mines de Nancy : « Je ne suis pas un râleur », alors qu'il se plaignait *en privé* de la mauvaise qualité de l'interprétation dans une grande organisation européenne.

Les cas de ce genre sont nombreux. Ce n'est pas surprenant : la plupart des participants ignorent que *l'interprétation peut être bonne*, et que la première condition en est le recrutement d'*interprètes qualifiés*. Ils ont tendance à penser que le tour de force demandé est trop grand et à excuser les interprètes ; peut-être cela flatte-t-il leur « ego » de penser que les sujets traités qui relèvent de leur compétence sont difficiles à interpréter. Ils ne demandent, pour la plupart, à l'interprétation que d'être une indication approximative des argumentations présentées dans les interventions. Il n'est donc pas étonnant que seuls les interprètes qui hésitent, se troublent, et laissent de grands blancs dans leur interprétation, soient éliminés alors que les cyniques qui sautent ce qu'ils ne comprennent pas et brodent sur des lieux communs, subsistent sans trop de difficultés. Un participant polyglotte voudrait-il d'ailleurs chercher des pièces à conviction en vérifiant le détail d'une interprétation simultanée qu'il n'y parviendrait guère : combien de participants, par définition peu versés dans les problèmes que pose le passage d'une langue à l'autre, essaient de relever la traduction de tel mot pour tel autre dans l'original et oublient, au cours de cet exercice, de suivre le sens de l'intervention de l'orateur pour le comparer au sens de l'interprétation, se trompant ainsi lourdement dans le jugement qu'ils portent sur la qualité de l'interprétation. J'ai souvenir d'un Néerlandais qui faisait son intervention en anglais tout en suivant l'interprétation française ; le mot « Ashes » qu'il utilisa fut rendu (à juste titre) par « mâchefer » (il s'agissait du traitement des résidus urbains) ; il ignorait ce terme et s'inquiéta de l'absence de « cendres ». Eût-il d'ailleurs connu le terme français et félicité l'interprète de la qualité de son travail, que son jugement correct en l'occurrence mais fondé sur la seule exactitude du mot eût été tout aussi peu justifié.

Nul autre qu'un professionnel ne peut entendre deux langues à la fois, et dire si les *arguments* développés dans l'interprétation correspondent à ceux de l'original. Partageant à longueur d'année une cabine avec des collègues et entendant constamment original et interprétation en même temps, il porte sans difficulté des jugements de valeur fondés sur la comparaison des deux. Les délégués par contre ne peuvent se faire une idée de la qualité de l'interprétation qu'en la jugeant séparément, en fonction uniquement de son intelligibilité et de sa cohérence. Tant qu'ils ne seront pas plus exigeants, la simultanée continuera à être exercée en bonne partie par de faux interprètes et la profession à pâtir de l'absence de toute protection légale.

Pour l'instant ce problème ne pourrait être réglé que par une sélection et une formation des jeunes interprètes plus rigoureuses qu'elles ne le sont à l'heure actuelle ; nous espérons que les chapitres précédents y contribueront en apportant une meilleure connaissance du processus de l'interprétation.

Cependant, même en supposant que le problème de la sélection soit résolu, toutes les conditions nécessaires à une interprétation véritable ne seraient pas encore données. Il est des circonstances adverses qui font parfois que le meilleur interprète n'est pas en mesure de fournir une prestation de premier ordre. Certes, dans leur effet pratique, ces circonstances se confondent ; nul ne sait si l'interprétation est mauvaise parce que l'interprète entend mal ce qui se dit dans la salle ou parce qu'il ne sait pas suffisamment la langue qu'il interprète, parce qu'il est exténué par la charge de travail qu'il accomplit, ou parce qu'il est insuffisamment préparé pour traiter du sujet dont il est question ; si c'est parce que l'orateur lit un texte à une vitesse qui le rend incompréhensible, ou parce que l'interprète ne comprend pas ce qui est dit, etc. Mais le résultat des causes les plus diverses est patent : l'interprétation est mauvaise. Pour notre analyse, il nous a semblé utile de détailler ces différentes circonstances car nous nous disons qu'il sera d'autant plus facile d'y porter remède qu'elles pourront être attaquées isolément.

Il faut tout d'abord noter les difficultés qui sont dues au mode d'interprétation qui a été choisi [2].

2. Voir à ce sujet le *Guide pratique à l'usage des utilisateurs de services d'interprétation de conférence*, publié par l'Association Internationale des Interprètes de Conférence sous les auspices de l'Union des Associations Internationales.

II

LA PRATIQUE EN CONSÉCUTIVE

Dans ce mode d'interprétation l'interprète travaille avec un certain recul par rapport à l'original, ce qui lui donne plus de temps pour l'analyse du sens général du message et facilite par conséquent sa compréhension. Sa présence dans la salle, le fait que l'orateur a cessé de parler lorsqu'il intervient, lui donnent un contact direct avec ses auditeurs — il est lui-même devenu l'orateur. L'attention qui se concentre sur lui rend plus aisée l'adaptation de son langage à ses auditeurs. Il voit sur leur visage qu'il s'est fait comprendre et souvent c'est à lui que les interlocuteurs adressent leur réponse, ce qui est le meilleur signe de leur compréhension.

Les seules difficultés qui se présentent parfois sont dues à des conditions matérielles ; que la salle soit trop grande ou que l'interprète soit mal placé, et il n'entendra pas suffisamment les orateurs ; mais pour surmonter cette difficulté il peut changer de place ou interrompre l'orateur et lui demander de répéter.

La seule circonstance réellement contraire à l'application des méthodes interprétatives est, en consécutive, la lecture d'interventions écrites ; c'est là un problème que nous traiterons séparément.

Cela mis à part, lorsque l'interprétation consécutive est pratiquée dans une réunion trilingue, on peut dire que sa bonne marche souffre de la répétition d'une même intervention en deux langues. Cette répétition entraîne une certaine rigidité, un fléchissement de « l'ambiance » qui gênent dans une certaine mesure l'adaptation du langage de l'interprète à son public dont il ne capte plus entièrement l'attention. On pourrait dire que le courant passe moins bien, soit que la double interprétation confère un plus grand formalisme à la réunion, soit qu'il serait désagréable aux deux interprètes qui travaillent de ne pas dire textuellement la même chose — l'interprétation devient plus littérale, plus figée. Elle perd ainsi une partie des qualités qu'elle possède dans les réunions bilingues où l'interprète peut jouer plus pleinement son rôle de participant dans le « trilogue ». En dehors des occasions solennelles il est donc probablement préférable de choisir la simultanée pour des réunions qui exigent plus de deux langues de travail.

Pour la réunion bilingue par contre, il ne faut pas croire que l'interprétation consécutive rallonge les débats. Le nombre de paroles prononcées par les interlocuteurs dans un même temps est bien sûr de moitié ce qu'il serait s'il n'y avait pas d'interprétation, ou si elle se faisait en simultanée ; cependant la durée des débats est toujours plus ou moins fixée d'avance et le mode d'interprétation choisi, ou l'absence de toute interprétation, ne la modifie pas de manière appréciable. D'autre part le nombre de paroles à prononcer pour épuiser une discussion n'est pas une quantité fixe ; l'abondance des informations échangées, la netteté d'un accord qui intervient ne sont pas fonction du nombre de mots prononcés, mais de la qualité des interlocuteurs, de leur degré d'intelligence et de bonne volonté, de la compréhension dont ils sont capables, etc.

Le temps de réflexion forcée que donne à tous les participants l'interprétation consécutive intervient de façon très nette pour accélérer la conclusion des débats, et à cet égard on peut dire *que la consécutive fait gagner du temps* ; l'orateur qui aurait parlé par association d'idées est interrompu par l'interprétation et renonce à raconter l'anecdote à laquelle l'avait fait penser l'intervention précédente ; les délégués de la langue « x » ont le temps de réfléchir pendant que l'interprétation se fait en « y », puis c'est le tour des délégués « y » pendant que l'interprétation se fait en « x ». C'est donc non pas la durée des débats, mais le temps de la réflexion qui est doublé du fait que le temps de parole est amputé de 50 %. La plupart des réunions y gagnent en concision et en efficacité. Chaque fois que des réunions parallèles permettent de le vérifier, cela se révèle exact : les groupes qui ont l'interprétation consécutive travaillent plus vite que ceux qui n'ont pas d'interprétation ou qui ont la simultanée.

III

LA PRATIQUE EN SIMULTANÉE

En simultanée, l'interprète est isolé dans une cabine. Il parle en même temps que l'orateur et, de ce fait, n'a pas besoin de mémoriser et de noter ce qui est dit. Par ailleurs les processus d'analyse—compréhension et de restructuration—expression sont télescopés. L'interprète travaille par conséquent le message par bribes sémantiques, il énonce l'idée comprise pendant qu'il analyse et assimile l'idée suivante.

L'interprète ne peut pas compter sur le développement de l'argumentation pour comprendre toutes les implications du discours. Il ne pourrait pas par conséquent donner leur sens complet aux bribes sémantiques qui lui parviennent *s'il ne compensait pas par des connaissances plus vastes* de la matière traitée l'accélération du processus d'analyse et d'expression qu'impose la simultanée. Cette différence entre le niveau des connaissances nécessaires pour aborder l'un ou l'autre mode d'interprétation est capitale.

En outre, en simultanée, l'interprète n'a pas la même présence qu'en consécutive. Les auditeurs, coiffés de leurs casques, écoutent l'interprétation comme ils écouteraient la radio ; ils ne voient pas l'interprète et, en tout cas, ne le regardent pas : leurs yeux sont fixés sur l'orateur qui parle une langue qui leur est étrangère et dont les expressions et les gestes ne prennent leur sens qu'avec un léger décalage. Inconsciemment, les auditeurs se comportent comme si les interprètes avaient, en cabine, des textes traduits dont ils donneraient simplement lecture. Cela implique pour l'interprète la nécessité de manier la langue avec plus de précision et d'avoir par conséquent un vocabulaire plus immédiatement disponible qu'en consécutive, et une spontanéité plus grande de restructuration linguistique, mais aussi la nécessité de marquer plus nettement sa présence pour arriver à savoir par la réaction de ses auditeurs si ceux-ci suivent et comprennent ; l'interprète par moment, renonçant à son anonymat, s'adresse personnellement à ses auditeurs, soit pour s'assurer qu'ils ont bien compris, soit pour leur faire part de ses difficultés, soit pour leur prodiguer des conseils sur la façon dont ils doivent parler pour se faire comprendre dans les autres langues. Il rétablit ainsi le contact indispensable au bon déroulement des débats entre « étrangers », qui s'établit spontanément en consécutive.

Enfin, l'une des servitudes les plus lourdes de la simultanée, c'est que l'interprète ne travaille pas à son propre rythme. En consécutive il peut moduler sa concentration en fonction de la densité de l'information qui lui parvient : repenser l'idée complexe qui précédait l'idée banale en écoutant et notant celle-ci ; s'attarder à analyser une idée confuse sans beaucoup en noter les détails, quitte à la rendre de façon plus concise mais aussi plus cohérente par la suite, etc. En simultanée par contre, le rythme de l'orateur s'impose à l'interprète sans qu'ils aient forcément l'un et l'autre la même forme d'esprit ou qu'ils partent des mêmes prémices pour traiter l'information. L'orateur énonce très vite, en en débitant presque par cœur les termes, une idée qu'il a déjà développée à maintes reprises, dans d'autres réunions ; l'interprète peut la trouver surprenante et incongrue et vouloir y réfléchir ; mais il ne le peut pas, pressé de poursuivre par l'orateur qui enchaîne. Il en va de même pour les mots « traduisibles » dont certains sont pour l'orateur énumération banale d'une terminologie coutumière, alors qu'ils demandent réflexion à l'interprète lorsqu'ils ne lui viennent pas spontanément à l'esprit. L'interprète est ainsi tenu par un rythme qui ne lui est pas spontané et c'est pour lui une source de fatigue considérable sur laquelle nous reviendrons plus tard.

Pour conclure cette comparaison pratique entre la consécutive et la simultanée, disons que les deux modes d'interprétation demandent une égale maîtrise pour être pratiqués à égalité de résultats. Certes on entend souvent dire que la simultanée est plus facile que la consécutive. Ce n'est là qu'une illusion due au fait que de mauvais interprètes réussissent à subsister en simultanée. En effet nous avons vu qu'il est difficile de prouver qu'une interprétation simultanée est mauvaise alors qu'en interprétation consécutive le succès ou l'échec de l'interprète est immédiatement manifeste.

Ce qui est plus facile, c'est donc non pas le mode simultané en soi mais la survie sur le marché de l'interprétation malgré la mauvaise prestation. De là à dire que l'interprétation simultanée en tant que telle est plus facile, il y a un pas à ne pas franchir.

Si la simultanée n'est souvent pas ce qu'elle pourrait être et ce qu'elle devrait être, ce n'est cependant pas uniquement dû à la mauvaise qualité du recrutement ; d'autres raisons encore interviennent pour réduire la qualité de l'interprétation lors même que l'on bénéficie du concours des meilleurs interprètes.

IV

LES CONDITIONS TECHNIQUES DU TRAVAIL

L'interprétation est hélas un métier trop jeune pour s'exercer déjà dans des conditions conformes à ses possibilités : nous n'en voulons pour autre preuve que les conditions techniques qui compliquent la tâche de l'interprète de simultanée quand elles ne la rendent pas impossible.

L'interprète placé dans de mauvaises conditions acoustiques peut être comparé au spectateur du dernier balcon au théâtre, qui fait un effort tel pour saisir les paroles du comédien qu'il ne ressent plus aucune émotion. C'est un phénomène de déficience auditive que l'on retrouve chez les mal-entendants[1] où l'on distingue trois catégories : 1° ceux qui entendent et qui comprennent ; 2° *ceux qui entendent sans comprendre,* et 3° ceux qui n'entendent pas. L'inter-

1. Voir Colloque International sur l'Education des Enfants Déficients Auditifs (Paris, octobre 1967).

prête forcé de travailler avec des appareils qui ne sont pas adaptés aux besoins de l'interprétation se trouve dans la deuxième catégorie. Forcé de prêter l'oreille, il détourne une partie de son attention de l'analyse du sens ; l'effort de reconstitution des mots signifiants l'empêche de saisir les relations sémantiques et lui fait perdre une partie du signifié. C'est le même phénomène que l'on retrouve sur le plan de la perception visuelle, lorsqu'il s'agit de déchiffrer la sixième pelure d'un texte dactylographié ou une mauvaise écriture manuscrite ; l'attention est accaparée par le déchiffrage et il faut une deuxième lecture pour appréhender le sens du texte.

La quantité d'attention dont dispose un individu est limitée et se partage entre la perception de la forme du message et l'appréhension de son contenu, l'une perdant en proportion ce que l'autre requiert en plus de sa part, si bien que l'appréhension intellectuelle ou émotionnelle d'un message est fonction de sa facilité de perception, et qu'il n'existe de compréhension immédiate qu'en l'absence d'effort de perception.

L'interprétation souffre singulièrement lorsque la bande sonore ne passe pas intégralement ; *l'interprète a besoin d'entendre sans écouter ;* dès lors que sa perception n'est plus spontanée mais nécessite une partie de son attention, ses méthodes de travail sont bouleversées et il est porté à faire de la traduction littérale plutôt que de réexprimer le sens du message. Il travaille en-dessous de sa capacité habituelle, l'énervement qu'il en ressent est une nouvelle source d'interférence qui diminue sa concentration.

A l'heure actuelle, malheureusement, les fabricants de matériel d'interprétation simultanée n'ont pas encore tous reconnu la nécessité de mettre en service un appareillage qui permette à l'interprète de comprendre sans avoir besoin d'écouter. Certaines petites entreprises le font, mais d'autres, parmi lesquelles de grosses firmes qui ont une réputation mondiale dans d'autres domaines, sont peu soucieuses des besoins spécialisés de l'interprétation et fournissent un matériel très inadéquat. Elles semblent oublier que l'interprète parle en même temps qu'il entend, que sa voix ne doit pas recouvrir celle de l'orateur qui lui parvient dans ses écouteurs et que le niveau d'écoute doit donc être très intense *sans que la qualité du son s'en trouve altérée.* En fait, la *perception auditive* de l'interprète est *double* (perception de la parole de l'orateur et perception de sa propre parole) et cela impose une très grande exigence à la qualité sonore de la transmission. Mais il ne s'agit pas de revêtir les écouteurs de l'interprète de coussinets hermétiques qui l'isolent de sa propre voix ; il est au contraire indispensable qu'il s'entende lui-même pour contrôler, à l'oreille, le sens de ses paroles tout en entendant, en même temps et sans effort, l'idée énoncée par l'orateur.

C'est ainsi que *la mémoire* a aussi ses exigences à l'égard du son. Nous avons vu que l'interprète emmagasine le sens d'une idée au moment où il énonce la précédente ; il se passe un très court intervalle (au maximum quelques secondes), entre le moment où l'orateur parle et celui où l'interprète attaque le même passage. Il s'y trouve fréquemment des mots (termes traduisibles, chiffres, formules chimiques, noms propres, etc.) qu'il doit retenir pendant ce court intervalle de temps (sans les mémoriser activement ni même les écouter attentivement, toute déviation de son attention pouvant être fatale à l'analyse du sens). Or il existe un phénomène de mémoire acoustique qui fait que la perception auditive dure plus longtemps que l'émission du son. Chacun sait que l'on peut compter les coups d'une horloge alors qu'elle a cessé de sonner. On peut, pendant un très bref intervalle, faire resurgir le son et compter les coups en les réentendant ; à croire qu'il existe dans l'appareil auditif de l'homme un enregistreur qui conserve les sons pendant un très court temps avant de les transmettre à la conscience ou de les éliminer. Ce phénomène est d'une très grande importance en interprétation, car si la persistance du son est d'une durée suffisante, l'interprète qui travaille un passage peut faire resurgir les mots prononcés précédemment au moment où il en arrive là. Si le son transmis est de qualité insuffisante cette persistance auditive disparaît ; l'interprète doit alors réduire l'écart de temps entre la parole de l'orateur et la sienne ; le sens du discours devient moins clair, il peine et fatigue. Une qualité de son insuffisante pour permettre l'enregistrement auditif inconscient est donc une nouvelle cause de difficulté.

Un dernier élément milite en faveur d'une très haute qualité de transmission du son. C'est la difficulté de *reconstitution auditive* en réunion internationale. Cette reconstitution se produit inconsciemment chaque fois qu'une transmission comporte une déperdition phonique. Ainsi, au téléphone, une bonne part des paroles que l'on entend est en fait reconstituée. Les éléments sonores qui parviennent à l'oreille sont suffisants pour reconnaître les mots qu'ils représentent sans qu'il soit réellement nécessaire de les entendre intégralement ; ce qui crée une illusion de perception intégrale.

Cependant dès qu'il s'agit de transmettre des logatones inconnus se pose le problème de la bande passante. On s'en rend compte lorsqu'on dicte un télégramme à une standardiste : elle n'a aucun mal à prendre le texte tant qu'il ne contient que des mots connus, dont le sens est indiscutable dans le contexte. Mais qu'on lui dise un nom propre et il faudra le lui épeler et ce non seulement à l'aide de lettres qui risqueraient elles aussi d'être mal perçues mais à l'aide de mots connus (prénoms ou noms de villes) commençant par la lettre qu'on veut transmettre. De même, qui parle une langue autre que la sienne est plus difficile à comprendre au téléphone qu'à l'oreille nue. Les sons transmis sont difficiles à reconnaître et se prêtent par conséquent mal à la reconstitution de la parole complète.

En réunion internationale, nombreux sont les participants qui sont astreints à parler l'une des langues de travail de la conférence, sans que celle-ci soit leur langue maternelle. Or un Nigérien ou un Indien qui parle anglais peut être parfaitement compréhensible à l'oreille nue car, de la conduction aérienne à la conduction osseuse du son, la bande passante est pratiquement totale, de sorte qu'avec un peu d'habitude les mots intégralement perçus sont reconnus malgré leur prononciation défectueuse. Il n'en est plus de même en transmission électronique où la bande passante est beaucoup plus réduite. Les sons fragmentaires qui sont transmis sont souvent trop atypiques de la langue pour être reconnus et se prêtent mal à la reconstitution auditive. Il en résulte que l'interprétation simultanée d'un message énoncé dans une langue étrangère à celui qui parle pose des problèmes qui pourraient être nettement atténués si la qualité de la transmission était meilleure.

On pose souvent aux interprètes la question de savoir ce qu'ils font lorsqu'un Japonais par exemple parle un anglais tout à fait incompréhensible. A part son côté pittoresque, cette question n'a pas grand intérêt. L'interprète a plus l'habitude des accents étrangers que la plupart des auditeurs ; il sait que l'on croit entendre un « r » lorsqu'un Japonais prononce un « l », et inversement qu'un « r » s'entend comme s'il avait prononcé un « l ». C'est ainsi que l'on croit entendre « plice » et qu'il faut rétablir « price », mais inversement que l'on croit entendre « prace » et qu'il faut rétablir « place ». On sait aussi que pour les Néerlandais les « g » et les « h » se confondent légèrement. Il n'en reste pas moins que le problème est essentiellement celui de la qualité de la transmission électronique, et qu'avec une bonne bande passante, il serait résolu pour la plupart des cas. Si l'orateur sait vraiment trop mal la langue qu'il est tenu de parler, il est toujours loisible de lui demander au préalable le texte dont il donnera lecture (il est peu probable que quelqu'un sachant très mal une langue s'y exprime sans texte) et d'en reconstituer le sens. Mais l'interprète n'est pas devin ; si le discours est parfaitement incompréhensible, il n'y a rien qu'il puisse faire sinon de fermer son micro. Les auditeurs de l'interprète ne seront pas plus lésés que ceux qui écoutent directement l'orateur — ni les uns ni les autres n'auront « entendu » le discours.

V

LES TEXTES ÉCRITS

Il existe dans l'exercice du métier d'autres handicaps qui rendent impossible l'interprétation dans le sens véritable du terme.

Dans les congrès où les participants cherchent à faire le point des connaissances dans un domaine déterminé et veulent essentiellement voir publier les résultats de leurs recherches, il y a plutôt suite de monologues que dialogue. Ce qui est demandé aux interprètes relève beaucoup plus de la traduction que de l'interprétation. L'interprétation en souffre, nous allons voir pourquoi.

Les orateurs qui donnent lecture de leurs communications ont consacré à la rédaction de ces textes des jours sinon des semaines de travail. Les formules qu'ils ont couchées sur le papier sont le résultat d'une suite d'opérations mentales qui va de l'intuition première du sujet à traiter à la dernière version du texte présenté en réunion. Ils ont relu, rectifié et révisé leur texte — dont la présentation orale ne prendra ensuite que quelques dizaines de minutes. Les communications présentées en congrès ne sont pas tendues vers le but immédiat de la réaction d'un interlocuteur ; elles ne tiennent presque aucun compte de la situation dans laquelle elles sont présentées ; les auteurs des communications ne sont ni des auteurs dramatiques recherchant l'effet oral, ni des comédiens sachant donner vie à un texte écrit ; ils lisent leur texte d'une voix monocorde, dépourvue du rythme et des intonations qui sont le résultat du va-et-vient constant entre le concept et sa formulation. Leur débit ne connaît pas les pauses, les lenteurs, les répétitions toutes porteuses de sens qui donnent à la parole libre son intelligibilité immédiate. Le texte, figé dans sa rédaction, n'exige pas d'effort de reconceptualisation au moment de la lecture. L'orateur est dispensé des efforts de la formulation qui auraient ralenti son débit s'il avait dû penser en parlant. La lecture est donc nettement plus rapide que la parole libre (200 mots-minute environ, comparé à 150 mots-minute en débit spontané), bien que la densité de l'information soit en général supérieure.

Privée de spontanéité, la présentation orale d'un texte écrit est aussi amputée de sens que le serait une pièce de théâtre lue par un profane d'une voix monocorde. Lorsque à des congrès internationaux des orateurs se succèdent tous les quarts d'heure à la tribune pour présenter des textes qui n'ont pas entre eux de lien logique immédiat, il est impossible même à des spécialistes d'appréhender tout le sens de l'information présentée. On constate d'ailleurs qu'il n'y a d'intervention critique à propos d'une communication écrite que lorsqu'elle a été déposée avant la réunion et que les auditeurs ont pu en prendre connaissance à loisir avant de l'entendre.

Pour en revenir à la parole spontanée on pourrait faire valoir que tous ceux qui parlent spontanément ne sont pas de grands orateurs dans le sens classique du terme. Mais même un mauvais orateur est plus compréhensible que celui qui donne simplement lecture d'un texte. En effet, en parlant spontanément on accomplit simultanément trois opérations : on pense à ce que l'on va dire ; on le formule à haute voix ; on organise et on oriente la pensée suivante compte tenu de ce qu'on vient de dire. Nous avons vu que cela correspond à un débit de 9 000 mots[1] à l'heure environ. Si rapide que paraisse cette cadence, elle correspond néanmoins au rythme de la conceptualisation, à la démarche mentale de l'orateur et donc à celle des auditeurs d'intelligence égale et de niveau d'information analogue. Lorsqu'il entend une parole libre, l'interprète est donc placé dans de bonnes conditions de compréhension, et sa propre conceptualisation pouvant suivre le rythme de celle de l'orateur, sa parole le suit également. Comparée à un texte rédigé, on peut dire que la parole spontanée n'est qu'un premier brouillon, et que, tout naturellement, le texte écrit est destiné à la lecture, donc à la perception visuelle répétitive, et la formulation orale à l'audition, donc à la perception auditive évanescente.

1. Nous choisissons le *nombre de mots traduits à l'heure* parce que c'est un élément quantifiable commode, mais nous soulignons par ailleurs le peu d'importance que nous attachons au mot.

La formule hybride du texte lu ou récité par cœur n'a guère de chance d'être comprise à l'audition, et encore moins d'être interprétée correctement. On pourrait faire une comparaison entre le temps nécessaire à une traduction écrite qui correspondrait à la rédaction du texte original, et le temps nécessaire à l'interprétation qui correspond, lui, à celui de la parole libre. Les Nations-Unies ont fixé à 6-8 pages par jour la norme de travail dans leurs services de traduction. Cette norme nous semble conforme à l'hypothèse que nous venons d'émettre sur la correspondance entre le temps de rédaction et le temps de traduction.

Or il arrive souvent que l'interprète soit amené à faire des traductions « à livre ouvert » en congrès ; à fournir une version orale des textes dont il est donné lecture dans la salle. On lui demande là de transmettre des messages dont ni la forme ni la présentation ne se prêtent à l'interprétation, et ce à la vitesse de 200 mots-minute soit quarante fois plus vite que la normale. Ce rythme aberrant mène à l'épuisement psychique et nerveux de l'interprète, alors que son utilité pour l'auditeur, comparée à celle que présenterait l'interprétation de la formulation libre, est pratiquement nulle. Placé dans une situation inextricable, l'interprète ne cherche plus à comprendre ; il dit des mots sans suite, il s'essouffle et s'angoisse, apaise ses scrupules en voyant que ses collègues ne s'en tirent pas mieux que lui, se réjouit de traduire correctement un mot de-ci, de-là, maudit le sort qui lui a fait accepter cette conférence et quitte la salle de réunion en bénissant l'incognito qui le fait disparaître dans la foule. Les meilleurs interprètes cependant, les plus anciens et les plus dignes, se refusent de mettre ainsi en jeu la réputation de leur profession et d'accomplir leur travail dans des conditions impossibles : ils ferment leur micro. Disons tout de suite que l'AIIC se préoccupe du problème que pose la traduction à vue des textes, pour lui trouver une solution dans la réglementation professionnelle.

La seule formule possible pour surmonter ce problème grave est de mettre l'interprète en mesure de procéder à une pré-traduction des textes dont il sera donné lecture en séance. Les interprètes devraient disposer de plusieurs journées préalables à la conférence au cours desquelles ils pourraient étudier et annoter les textes qu'ils seraient appelés à traduire oralement. Ils devraient en outre être en nombre suffisant pour avoir le temps, les jours de conférence, de préparer les textes arrivés en dernière minute pendant que leurs collègues travaillent en cabine. Cela signifierait augmenter la durée d'engagement des interprètes d'un nombre de jours de préparation correspondant au nombre de jours de réunion, et doubler sinon tripler les effectifs d'interprètes.

VI

LE PROBLÈME DE LA LANGUE D'EXPRESSION

S'il est essentiel que l'interprète reçoive le message dans les meilleures conditions de compréhension et d'analyse et par conséquent ne soit pas placé en face d'un texte écrit ou dans de mauvaises conditions acoustiques, il est tout aussi important qu'il puisse transmettre le message dans les conditions les plus propices à sa ré-expression. Or certains impératifs de marché constituent parfois un obstacle à cet égard. En effet certaines combinaisons linguistiques sont insuffisamment pourvues ; ainsi par exemple le nombre d'interprètes professionnels de langue maternelle anglaise interprétant le français ou l'allemand ne correspond pas à tout moment, en Europe, aux besoins du marché. Cette pénurie d'interprètes de langue maternelle anglaise s'accompagne d'une pléthore d'interprètes de langue maternelle française ou allemande, de sorte que souvent, on trouve en cabine anglaise des interprètes français ou allemands.

A l'heure actuelle l'interprétation simultanée est donc souvent pratiquée dans des conditions contraires à ses meilleures possibilités. On peut en effet affirmer qu'à qualité égale d'interprète, l'interprétation en « A »[1] (langue maternelle) est toujours supérieure à l'interprétation en « B » (langue acquise).

Prenons un même sujet, de langue maternelle française par exemple, et faisons-le travailler successivement en cabine française et en cabine anglaise. Sa connaissance des deux langues ne varie pas selon qu'il travaille en cabine française ou en cabine anglaise, pas plus que son intelligence ou que ses connaissances du sujet, ses capacités d'analyse et de compréhension. La qualité de son expression par contre change radicalement selon qu'il travaille en français ou en anglais. Si l'on songe que la restructuration des formules originales doit s'effectuer à la vitesse du débit oral, on comprendra que ce n'est pas un souci de pureté linguistique, mais bien le souci de voir aboutir la communication qui nous amène à dire que l'interprète qui travaille en « étranger » n'est pas aussi bon que lorsqu'il travaille dans sa langue maternelle.

La communication n'est réalisée « bout à bout » que si aucune faille ne se produit entre l'émission du message et sa réception. Il faut que le message parvienne aussi aisément à l'auditeur par le truchement de l'interprète qu'en direct. L'interprète doit donc non seulement l'appréhender complètement et

1. Cf. classement linguistique de l'AIIC.

l'émettre à son tour intégralement, *mais aussi le formuler de telle sorte qu'il parvienne à destination.* Celui qui interprète sa langue maternelle en « étranger » comprend sans peine la langue qu'il entend ; à cet égard la communication entre l'orateur et lui est sans faille, mais elle n'est pas parfaite envers l'auditeur. Les effets de l'interférence linguistique de la langue maternelle sur la langue étrangère sont beaucoup plus sensibles que ceux de la langue étrangère sur la langue maternelle. L'intuition profonde de la langue manque, l'expression n'a pas la spontanéité naturelle qui entraîne la restructuration formelle. L'interprète n'a pas le loisir d'être, en « B », l'exégète qu'il est en « A », lorsque s'adaptant à ses auditeurs, il leur explique plus qu'il ne leur traduit le message. Dans une langue acquise, il est difficile de jeter un pont jusqu'aux auditeurs. On sait « ce » qu'est le message, mais l'intelligibilité des formules utilisées souffre d'une capacité d'expression limitée, et l'auditeur ne reconnaissant pas toujours comme sienne la langue qu'il entend, ne comprend pas toujours l'intégralité du message.

Prenons à titre d'exemple le cas d'un auditeur français qui entendrait dire dans l'interprétation d'un discours allemand : « faute d'esthétique ». L'interprète aurait communiqué par là le sens premier du terme allemand « Schönheitsfehler », mais l'auditeur ne comprendrait ni aussi vite ni aussi bien que s'il avait entendu « imperfection ». L'expression inhabituelle nécessiterait un effort pour s'intégrer dans le contexte, elle retiendrait l'attention par son exotisme, et acquerrait une valeur qu'elle n'avait pas dans l'original. L'effort de réflexion qu'elle nécessiterait empêcherait en outre l'auditeur d'appréhender la suite immédiate du message dont la compréhension serait ainsi tronquée.

C'est pourquoi l'interprétation en langue « B » est selon nous nécessairement inférieure à ce qu'elle serait en « A ». Souvent les interprètes à leurs débuts préfèrent travailler en langue acquise, ce qui leur donne l'impression d'une facilité plus grande ; craignant de mal comprendre la langue étrangère ils préfèrent la parler, sans se rendre compte de la fréquente inintelligibilité de leur expression : s'étant exprimés, ils ont l'illusion de s'être fait comprendre.

Les débutants qui estiment qu'il est plus facile de travailler dans une langue acquise oublient que l'interprétation ne s'arrête pas à la compréhension de l'interprète. Elle n'est réalisée que lorsque le message atteint l'auditeur dans son intégralité. Ils oublient aussi que s'il est relativement facile de se faire comprendre dans une langue étrangère lorsqu'on exprime ses propres idées, à son propre rythme, il en va tout autrement en interprétation où la contrainte imposée par les idées d'autrui exige une maîtrise bien supérieure de la langue.

La pratique de la simultanée en langue « B » est d'autant plus regrettable qu'il est parfaitement possible d'acquérir par une étude plus poussée, une connaissance très approfondie d'une langue étrangère et d'avoir ainsi la *certitude de la comprendre.* Il est impossible par contre, passé un certain âge, d'acquérir parfaitement le parler d'une langue étrangère. Ainsi la simultanée pratiquée par un même interprète en « B » reste toujours moins bonne, toutes choses égales par ailleurs, que celle qu'il pratiquerait en « A ».

Notons toutefois que le parler parfaitement idiomatique n'est pas d'une égale nécessité pour tous les types d'expression ; indispensable pour le discours rhétorique, il est moins important pour les interventions descriptives. Les professionnels qui pratiquent l'interprétation dans une langue acquise choisissent leurs conférences : les conférences techniques en simultanée, où les mots traduisibles abondent et où une transposition plus directe est possible ; celles où les interlocuteurs se connaissent de longue date et où l'explicitation n'est plus nécessaire ; ou la consécutive, pour laquelle l'interférence linguistique est moindre qu'en simultanée.

VII

LA CHARGE DE TRAVAIL

A l'époque de l'exploration de l'espace, des fusées interplanétaires et des rendez-vous dans le cosmos, on évalue encore le travail de l'homme à sa durée et non à son intensité. Et pourtant est-il normal que celui qui travaille à son propre rythme et celui qui travaille à un rythme imposé effectuent le même nombre d'heures ? La standardiste qui travaille à un rythme imposé et variable doit-elle assurer une présence aussi continue qu'un employé de bureau ? Celui qui fait un travail physique peut-il se dépenser aussi longtemps que celui qui fait un travail intellectuel ? Il n'est pas sans intérêt d'analyser le travail de l'interprète et de voir comment il s'intègre dans une durée journalière de travail imposée par l'habitude.

La durée des réunions internationales auxquelles correspond la journée-interprète est environ de 6 heures par jour. Sur cette durée l'interprète parle environ un tiers du temps puisque les interprètes travaillent pratiquement toujours par groupes de deux dans une cabine ; pendant le reste du temps c'est un autre interprète qui parle, ou alors la cabine se tait, sa langue étant parlée dans la salle. A la vitesse du langage oral, une heure d'interprétation simultanée correspond à l'émission de 9 000 mots. En deux heures à peu près chaque interprète traite et émet donc à son tour environ 20 000 mots. Il est intéressant de comparer ce chiffre de 20 000 mots à la quantité de travail effectuée en traduction écrite. Les normes des Nations-Unies prévoient, nous l'avons vu, 6 à 8 pages par jour (2 à 3 000 mots) ; la charge contractuelle journalière définie par les traducteurs de conférence est de 2 000 mots pour les textes courants et de 1 000 mots pour les textes techniques. L'interprète traite donc dans la même journée une *quantité de mots dix fois supérieure à celle du traducteur.* Or cette quantité est concentrée sur le temps de parole de l'interprète (c'est-à-dire sur un tiers de la durée de la réunion), la *vitesse de transposition est* par conséquent *trente fois supérieure à celle de la traduction.* Quelles que soient les profondes différences entre la traduction et l'interprétation, il est évident qu'un rythme de transposition de 3 000 % supérieur à celui de la traduction représente en interprétation un effort qui ne saurait être soutenu pendant longtemps. C'est pourquoi les interprètes de simultanée se relaient toutes les 20 minutes ou toutes les demi-heures.

A la quantité de travail « actif » que fait l'interprète, à la rapidité avec laquelle il doit l'accomplir, il faut encore ajouter la cause de fatigue supplémentaire que constitue le rythme étranger auquel l'interprète doit se soumettre. Il ne peut pas faire varier son débit à l'intérieur d'un temps de traduction global, pour consacrer quelques secondes de plus à la réflexion sur les passages complexes, quitte à accélérer lorsqu'il en arrive à des choses plus banales.

Ce rythme étranger à l'effort accompli constitue une fatigue considérable. D'ailleurs à peine s'est-on accoutumé à la façon de parler de quelqu'un, que l'orateur change et qu'il faut se réadapter à un rythme nouveau, à un nouveau style, à une nouvelle manière d'exprimer des idées. On ne bénéficie donc pas des réflexes conditionnés qu'acquiert par exemple l'ouvrier qui travaille à une chaîne de montage. L'interprète ne peut pas non plus comme le traducteur interrompre son travail, pour sérier ses textes par exemple et prendre le plus difficile lorsqu'il est frais et en bonne forme, ou inversement commencer par le plus facile pour se mettre dans le bain. Il ne peut pas non plus donner libre cours à ses pensées propres ou interrompre son travail pour prendre rendez-vous chez le dentiste... Lorsqu'il fait son travail convenablement, attaché qu'il est à ses « écouteurs » et à son micro, le monde extérieur meurt pour l'interprète.

Dans le travail de l'interprète, seul le temps de parole est apparent ; nous venons de décrire la quantité et l'intensité de ce travail. Mais il s'y ajoute deux autres temps de travail : le temps d'écoute et le temps de préparation technique et terminologique.

le temps d'écoute

En dehors du temps de parole, l'audition des débats constitue une partie importante du travail de l'interprète en séance. Nous avons constamment souligné que le phénomène de l'interprétation n'est possible que parce que l'interprète est « en situation », qu'il connaît le contexte dans lequel il intervient, l'orateur qui parle et l'auditeur auquel il s'adapte. Il faut donc qu'il écoute ce dernier parler sa langue pour relever ses expressions, ses termes, mais aussi et surtout pour suivre les débats et pouvoir ainsi jouer son rôle dans le « trilogue » le moment venu. Cet effort est soutenu aussi pendant le temps où travaille le collègue qui a pris la relève dans la même cabine. Cette audition hors parole représente un travail qui n'est pas moins intense que celui qu'accomplissent les interlocuteurs qui se préparent à intervenir.

le temps de préparation

Nous avons vu que, quelle que puisse être la culture générale de l'interprète, il doit, sans prétendre atteindre le niveau de connaissances des interlocuteurs dans leur domaine, acquérir pour chaque conférence des connaissances et un vocabulaire supplémentaires suffisants pour comprendre les interventions et les ré-exprimer. Cette préparation n'est pas seulement nécessaire pour les sujets techniques ; il n'est pas de sujet où les interlocuteurs n'aient des connaissances plus étendues que celles de l'interprète puisque ces connaissances correspondent à des années de travail dans un même domaine ; il n'est donc pas de sujets où il pourrait ne pas être nécessaire à l'interprète de se préparer.

Quantifier le temps de préparation est difficile ; la préparation s'effectue en dehors des heures de séance, mais aussi en cours de séance ; on peut dire approximativement que ce temps de préparation est aussi long que le temps de parole à proprement parler, donc de 2 à 3 heures par journée de travail.

VIII

LA FATIGUE

Si l'on fait donc le compte des temps que comporte l'interprétation simultanée on trouve : travail productif de 2 à 3 heures par jour, soit environ 20 000 mots de message traité ; 3 à 4 heures de travail d'écoute supplémentaire, aussi astreignant, responsable et fatigant à lui seul que celui qu'accomplissent les participants d'une réunion ; enfin le travail de préparation que font les interprètes consciencieux qui étudient, le soir pour le lendemain ou pendant les journées qui précèdent une conférence, les documents de travail de la réunion.

Si l'on ajoute à tout cela : — que les dimensions des cabines sont calculées pour des séjours de brève durée, parfois même sur le modèle des cabines téléphoniques, alors qu'on y séjourne pendant des journées entières ; — que les cabines de simultanée sont pour la plupart mal aérées, incommodes ; — qu'il est difficile d'en sortir pour accéder à l'air libre ; — qu'en outre les écouteurs des interprètes sont souvent d'une qualité acoustique inférieure, de sorte qu'il leur faut porter l'écoute à un niveau d'intensité tel qu'il s'ensuit des traumatismes sonores, des maux de têtes, etc., on comprendra pourquoi l'interprétation simultanée n'est pas souvent très bonne. On comprendra aussi pourquoi les interprètes cherchent à « récupérer » par tous les moyens ; pourquoi ils sortent de cabine lorsque ce n'est pas leur tour de parler et ne suivent pas les débats ; pourquoi ils ne se préparent pas suffisamment et, quand la fatigue s'installe, ce qui ne tarde pas à venir (une heure ou deux de réunion), pourquoi la plupart d'entre eux débrayent, ne cherchent plus à comprendre mais débitent les mots que leur suggèrent ceux qu'ils entendent, pourquoi même on voit des collègues (instinct de conservation bien compréhensible) se refuser d'emblée à l'effort de compréhension.

Ce n'est pas par des exhortations morales que l'on remédiera à cet état de choses ; aucun organisme humain ne peut fournir à la longue l'effort que demande une bonne interprétation simultanée ; ce n'est qu'en créant des conditions de travail satisfaisantes qu'on y arrivera, et d'abord en augmentant considérablement les effectifs pour réduire le temps de travail de chacun des interprètes de moitié au moins : donc au minimum un doublement des effectifs, une part beaucoup plus grande de la journée de travail devant être consacrée à la préparation et à l'écoute, le temps de parole étant réduit en proportion.

De la sorte l'interprétation serait exercée de façon

plus conforme à l'intensité inhérente au travail qu'elle comporte, et se rangerait parmi les professions dont il a été reconnu qu'elles comportent une part de travail « public », mais une part beaucoup plus importante de travail « privé ». Nul ne s'attend à voir les enseignants faire 40 heures de cours par semaine, ou les pianistes donner 6 à 7 heures de concert par jour.

En l'occurrence il faut souligner que le régime d'activité intellectuelle excessif que connaît l'interprète, et le milieu sonore et insuffisamment aéré dans lequel il travaille en simultanée sont une source de *fatigue* dont les conséquences à long terme ne manqueront pas de se faire sentir.

Fournir pendant un temps calculé pour des prestations d'une intensité bien moindre, une quantité de travail 10 fois supérieure à la traduction, à une cadence obligatoirement 30 fois plus rapide, constitue un asservissement qui mène soit à des troubles psychosomatiques graves, soit comme nous le disions plus haut, à une fuite devant l'effort et à un travail mal fait.

Les connaissances modernes[1] permettent d'affirmer que le rythme du travail ne peut se maintenir à un haut degré d'efficacité que durant une demi-heure, pour les tâches dites vigilantes, celles qui ne s'accomplissent pas par réflexe conditionné, et pendant une heure et quart pour les tâches dites monotones, qui bientôt seront remplacées par les machines. La demi-heure correspond à peu près à ce qu'un interprète fait d'affilé. En ce temps il traite 4 500

1. Voir Congrès International de Médecine Psychosomatique (Paris, septembre 1966).

mots ! Il est évident qu'un temps de récupération considérable devrait intervenir avant qu'il ne recommence à travailler. Il est probable que, pour bien faire, la journée d'interprète devrait être divisée en quatre temps : pour chaque heure de parole, on devrait pouvoir consacrer environ trois heures à la préparation, deux heures à la récupération et une heure à l'écoute hors parole. Nous sommes loin du compte...

CONCLUSION

Tout au long de cet ouvrage, nous avons tenté de rendre sensible ce qu'est l'interprétation, ce qu'elle peut être dans le meilleur des cas, ce qu'elle devrait être toujours. Nous avons cru nécessaire de le faire parce que nous avons pu constater à maintes reprises que, placés dans des conditions conformes aux nécessités d'exercice de leur métier, les interprètes peuvent atteindre des degrés de virtuosité qui forcent l'admiration, tant les éléments à partir desquels ils opèrent sont multiples et complexes. Mais nous avons également vu que les conditions dans lesquelles l'interprète peut mettre en application toutes les ressources de son art ne sont pas assez souvent réunies. L'interprète a une conscience aiguë de son rôle dans le trilogue qui s'établit lors des rencontres internationales, mais il est trop souvent, à cause de circonstances extérieures qui lui échappent, mis dans la situation d'un chirurgien qui devrait opérer avec un simple couteau de cuisine.

Aux conditions de travail irréalistes offertes aux interprètes professionnels, qui ne leur permettent pas toujours de donner leur pleine mesure, s'ajoute l'absence de protection légale de la profession. Tout un chacun peut s'intituler interprète et exercer dans les conférences internationales ; tant qu'il en sera ainsi, les virtualités de ce métier nouveau ne seront réalisées que très partiellement.

C'est pourquoi il nous a paru indispensable que soient définies les méthodes et les conditions qui permettent à l'interprétation de conférence de s'exercer avec succès ; cet essai d'explication repose sur une quinzaine d'années de pratique et d'enseignement.

Nous avons longuement souligné que l'interprétation ne peut pas être une transposition littérale et que si à l'heure actuelle on trouve encore des interprètes qui s'efforcent de la pratiquer dans cette optique, ce n'est que parce que les langues sur lesquelles ils opèrent — le français, l'anglais, l'italien — sont des langues voisines ; beaucoup de mots se ressemblent et ont des sens approximativement équivalents, et de ce fait la transposition littérale est tentante et revêt une apparence de traduction. Mais on peut prévoir qu'à l'avenir le développement des échanges internationaux avec des pays lointains nécessitera une interprétation beaucoup plus fréquente entre langues exotiques, français — chinois ; anglais — japonais, etc. Il ne sera plus possible alors, ces langues n'ayant aucune parenté entre elles, de passer de l'une à l'autre par analogie, avec des semblants de résultats, et le processus que nous avons défini deviendra une impératif absolu pour que l'interprétation puisse s'effectuer.

Il existerait sans doute d'autres façons d'aborder l'étude de l'interprétation. Pour que la théorie complète puisse en être établie, il reste à faire un vaste travail de recherche objective et d'analyse systématique des mécanismes mentaux et en particulier des rapports pensée — parole. L'interprète, situé au carrefour de deux domaines, est certainement un excellent « cobaye » qui permettrait de vérifier dans la pratique les théories de la communication et de la linguistique. Quoi qu'il en soit, dans l'état actuel des connaissances, la présente étude peut ne pas être sans intérêt. Il nous a en tout cas paru urgent de tenter l'ébauche d'une théorie de l'interprétation au moment où celle-ci, cessant d'être l'apanage de quelques phénomènes, commence à être partout acceptée comme un rouage de la société moderne.

L'interprétation se trouve actuellement dans une période intermédiaire où ce n'est plus le prestige individuel qui joue mais où celui du corps professionnel ne joue pas encore. Elle a fourni des preuves éclatantes de ses possibilités mais, faute d'avoir été suffisamment définie et étudiée, elle ne tire pas toujours avantage à l'heure actuelle de ces possibilités. Elle est devenue indispensable à notre monde, mais n'a pas encore assis sa pratique sur des bases théoriques solides ; d'une bonne définition de l'interprétation, de sa nature, de ses méthodes et de ses possibilités, dépend qu'elle rende ou non au monde moderne les services qu'il est en droit d'attendre d'elle, et qu'elle est à même de lui rendre.

ANNEXE I

EXEMPLE DE LA VARIÉTÉ DES SUJETS QUE RENCONTRE L'INTERPRÈTE DANS SA VIE PROFESSIONNELLE

Les conférences qui font appel à l'interprétation traitent des sujets les plus variés. Le nombre d'activités humaines, l'ampleur des connaissances dans tous les domaines, leur extension constante, nécessitent des échanges de plus en plus fréquents. Sujets scientifiques ou techniques, négociations commerciales ou financières, agriculture ou industrie, Cour d'arbitrage ou lutte anti-acridienne, il n'est plus guère d'activités qui soient limitées au seul plan national, c'est-à-dire uni-lingue.

L'interprétation n'est donc plus, comme autrefois, réservée aux contacts diplomatiques et l'interprète peut être appelé, au hasard de ses engagements, à travailler dans *tous* les domaines de l'activité humaine contemporaine. Voici, à titre d'exemple, les sujets dans lesquels l'auteur a été appelé à travailler en une période de six mois :

— (Istanbul) - Hydrogéologie - (5 jours).
— (Aix-en-Provence) - Facteurs de sécurité dans les réacteurs à neutrons rapides - (4 jours).
— (Paris) - L'acheminement des transcontainers par voie ferrée - (4 jours).
— (Banyuls) - La planification de l'éducation dans les pays en voie de développement - (6 jours).
— (Paris) - La rééducation auditive des enfants sourds - (3 jours).
— (Paris) - Satellites de télécommunication - (1 jour).
— (Paris) - Réception des concessionnaires étrangers de Peugeot - (1 jour).
— (Paris) - Les câbles électriques - (1 jour).
— (Cahors) - L'Angleterre et le Marché commun - (1 jour).
— (Paris) - Echanges franco-allemands de jeunes - (1 jour).
— (Paris) - Le ré-échelonnement de la dette indonésienne - (4 jours).
— (Munich) - L'industrialisation des pays en voie de développement - (1 jour).
— (Paris) - Les procédés d'élaboration du zinc - (3 jours).
— (Paris) - Le tunnel sous la Manche - (1 jour).
— (Cahors) - Problèmes de financement en Afrique francophone - (1 jour).
— (Paris) - L'assurance automobile - (1 jour).
— (Istanbul) - Les grands barrages - (9 jours).
— (Le Bourget) - Les moteurs électriques pour la traction automobile - (1 jour).

— (Royaumont) - La normalisation du papier couché - (2 jours).
— (Paris) - Normes de menuiserie - (1 jour).
— (Bruxelles) - Les papiers kraft - (1 jour).
— (Paris) - L'imprimerie off-set - (2 jours).
— (Paris) - Déclaration de Lord Chalfont à la presse diplomatique - (1 jour).
— (Paris) - Mesures législatives de lutte contre la pauvreté aux Etats-Unis - (1 jour).
— (Lyon) - L'utilisation du lisier dans l'agriculture - (2 jours).
— (Paris) - Normes de sécurité pour les pneus - (2 jours).
— (Deauville) - Pathologie de la reproduction de la jument - (1 jour).
— (Paris) - Echanges culturels franco-pakistanais (1 jour).
— (Paris) - Conférence ministérielle sur la recherche scientifique - (1 jour).
— (Accra) - Conseil exécutif de la conférence mondiale de l'énergie - (3 jours).
— (Paris) - Visite d'entreprises de presse par des journalistes allemands - (4 jours).
— (Paris) - La prospection pétrolière - (2 jours).
— (Paris) - Comité de gérance de l'Union internationale des chemins de fer - (5 jours).
— (Paris) - Transformation industrielle des produits alimentaires - (4 jours).

Voici d'autre part la liste de quelques-unes des réunions organisées sur une période de six mois par l'UNESCO, l'une des Organisations Spécialisées des Nations-Unies qui dispose d'une équipe d'interprètes permanents :

— (Paris) - Les tendances principales de la recherche dans les sciences de l'homme - (3 jours).

— (Yaoundé) - La politique scientifique et l'administration de la recherche en Afrique - (9 jours).

— (Paris) - La pollution des mers - (4 jours).

— (Leningrad) - Les crues et leur évaluation - (8 jours).

— (Paris) - Les sciences technologiques et la recherche appliquée - (4 jours).

— (Accra) - L'enseignement de la géographie en Afrique - (10 jours).

— (Paris) - Réunion préparatoire pour la conférence internationale de sociétés d'ingénieurs - (3 jours).

— (Paris) - La race et les préjugés raciaux - (8 jours).

— (Bruxelles) - Les modèles de construction de nations - (2 jours).

— (Delft) - Création d'un musée international des sols - (1 jour).

— (Florence) - La restauration des biens culturels à Florence - (8 jours).

— (Paris) - Comité exécutif de la Campagne internationale pour la sauvegarde des monuments de Nubie - (3 jours).

— (Paris) - Documentation, bibliothèques et archives - (4 jours).

— (Paris) - 77e session du Conseil exécutif de l'UNESCO - (3 semaines).

— (Paris) - La séismologie et le génie paraséismique - (3 jours).

— (Montevideo) - La dérive continentale de l'Hémisphère sud - (4 jours).

— (Paris) - La méthodologie des statistiques relative aux sciences - (3 jours).

— (Paris) - La technologie du pétrole - (10 jours).
— (Paris) - Comité permanent des organisations non gouvernementales - (2 jours).
— (Paris) - Les moyens d'information au service de l'éducation des adultes et de l'alphabétisation - (8 jours).
— (Vienne) - Conférence des Ministres de l'éducation des Etats membres d'Europe sur l'accès à l'enseignement supérieur - (6 jours).
— (Paris) - L'avancement de l'éducation extra-scolaire - (8 jours).
— (Paris) - Les communications spatiales - (3 jours).
— (Paris) - La formation des enseignants - (10 jours).
— (Varsovie) - Système d'indices des ressources humaines - (5 jours).
— (Genève) - Comité intergouvernemental du droit d'auteur - (4 jours).
— (Monaco) - L'aide à la création artistique dans le monde moderne - (5 jours).

Ces deux énumérations montrent bien la diversité des sujets que doit aborder l'interprète qu'il soit indépendant ou fonctionnaire.

ANNEXE II

QUELQUES TITRES DE PUBLICATIONS TOUCHANT DIRECTEMENT OU INDIRECTEMENT LE DOMAINE TRAITÉ DANS LE PRÉSENT OUVRAGE

ASSOCIATION INTERNATIONALE DES INTERPRÈTES DE CONFÉRENCE (33, rue des Archives, Paris IV)

—, Note sur *L'Association Internationale des Interprètes de Conférence.*

—, *L'Interprète de Conférence, son rôle, sa formation.*

—, *Guide pratique à l'usage des utilisateurs de services d'interprétation de conférence* (publié par UAI, 1, rue aux Laines, Bruxelles).

—, *Actes du « Colloque sur l'enseignement de l'interprétation »* (1965).

—, *Code Professionnel.*

C. ANDRONIKOF, Allocution prononcée à l'Ecole d'Interprètes et de Traducteurs des H.E.C., Paris [Bulletin] *L'Interprète,* XI/1, 1956 [Case Post. Stand 388, Genève].

—, « Servitudes et Grandeur de l'Interprète », *Babel,* VIII, n° 1/1962, numéro spécial [Langenscheidt KG, Berlin].

F. BRUNOT, *La Pensée et la Langue,* Paris, Masson & Cie, 1953.

Jérôme S. BRUNER, *On Knowing,* Cambridge [Mass.], Harvard University Press, 1963.

E. CARY, « Noblesse de la Parole », *Babel,* VIII, n° 1/1962, numéro spécial [Langenscheidt KG, Berlin].

—, *La Traduction dans le monde moderne,* Genève, Georg, 1956.

E. CARY and R.W. JUMPELT (eds.), *La Qualité en matière de traduction — Quality in translation.* Actes du Congrès international de la traduction — Proceedings of the International Congress on Translation (Bad Godesberg, 1959). London, Pergamon Press, 1963.

Colin CHERRY, *On human Communication,* The Technology Press of Massachussets Institute of Technology, 1957.

Aurel DAVID, *La Cybernétique et l'Humain,* Paris, Gallimard, 1965 (coll. « Idées »).

Heinz FÖRSTER, *Das Gedächtnis,* Wien, Franz Deuticke Verlag, 1948.

E.S. GLENN, « The Role of the Interpreter in Small Group Conferences », [Bulletin] *L'Interprète,* XII/1 et 2, 1957 [Case Post. Stand 388, Genève].

—, « Interpretation and Intercultural communication », *ETC, a review of general semantics*, XV/2, 1957-58.

—, *Teleconferencing: Language and Cultural Factors*, IDA Research Paper P-108, IDA/HQ 64-2314, Nov. 1963 [Institute for Defense Analyses, 1666 Connecticut Ave NW, Washington DC].

J. HERBERT, *Manuel de l'Interprète*, Genève, Georg, [2e édition] 1965.

—, « A quoi servent les interprètes ? », *Associations Internationales*, 1954 [Revue de l'UAI, 1, rue aux Laines, Bruxelles].

—, « La mission de l'interprète » [Conférence prononcée à l'Université de Genève], [Bulletin] *L'Interprète*, 1954, IX/2 [Case Post. Stand 388, Genève].

O. HOBART MOWRER, *Learning Theory and Personality Dynamics*, New York, The Ronald Press Company, 1950.

I.M.L. HUNTER, *Memory*, Penguin Books, 1964.

B. HUNTER SMEATON, « Translation as an alternate Mode of Expression », *Journal des Traducteurs*, VIII, n° 2, 1963 [Montréal, Librairie Beauchemin].

G. ILG, « Le langage figuré », *Bastions*, 1959, n° 3 [Genève].

—, *L'Enseignement de l'Interprétation à l'Ecole d'Interprètes de Genève*. Plaquette publiée par l'Ecole d'Interprètes de Genève (1959).

—, « L'interprète désarmé », [Bulletin] *L'Interprète*, XXI/5 et XXII/2, 1966 [Case Post. Stand 388, Genève].

R.W. JUMPELT, *Die Uebersetzung naturwissenschaftlicher und technischer Literatur,* Berlin, Langenscheidt Verlag, 1961.

—, « Wo findet man Konferenzdolmetscher ? », *Kongress Revue,* Heft 4/5, 1965.

—, « Der internationale Verband der Konferenzdolmetscher und seine Bedeutung für den Kongressveranstalter », *Kongress Revue,* Heft 6, 1965.

—, cf. CARY.

F. KAINZ, *Psychologie der Sprache,* Stuttgart, Ferdinand Encke Verlag, 1954.

L. KERR, « Réflexions sur l'interprète et son travail » [Exposé fait à l'Ecole d'Interprètes de Genève], [Bulletin] *L'Interprète,* XVIII/3, 1963 [Case Post. Stand 388, Genève].

A. KAMINKER, Conférence prononcée à l'Université de Genève, [Bulletin] *L'Interprète,* X/3, 4 et 5, 1955 [Case Post. Stand 388, Genève].

—, « Voulez-vous devenir interprète ? », *Avenirs,* n° 68, avril 1955 [Paris].

W. KEISER, « Problèmes de santé dans l'interprétation de conférence », [Bulletin] *L'Interprète,* XVIII/1, 1963 [Case Post. Stand 388, Genève].

—, « Tendances récentes dans la formation d'interprètes de conférence », [Bulletin] *L'Interprète,* XIX/2, 1964.

—, « Le premier colloque international sur l'enseignement de l'interprétation, ses principes, ses méthodes », [Bulletin] *L'Interprète,* XXI/2, 1966.

—, « Le Colloque de Paris sur l'Organisation des services d'interprétation », [Bulletin] *L'Interprète,* XXII/1 et 2, 1967.

J. LACAN, *Ecrits, fonction et champs de la parole et du langage,* Paris, Editions du Seuil, 1966.

Henri LEFEBVRE, *Le Langage et la société,* Paris, Gallimard, 1966 (coll. « Idées »).

A. MARTINET, *Eléments de linguistique générale,* Paris, Armand Colin, 1961.

E. MEISTER-HEDINGER, « L'état de santé des interprètes », [Bulletin] *L'Interprète,* XVIII/1, 1963 [Case Post. Stand 388, Genève].

—, « The Interpreter's Viewpoint », [Bulletin] *L'Interprète,* IX/3, 1954.

M. MERLEAU-PONTY, « Sur la phénoménologie du langage » [Communication présentée au premier colloque international de Phénoménologie, Bruxelles, 1951] dans *Signes,* Paris, Gallimard, 1963.

Georges A. MILLER, *Language and Communication,* New York, Mc Graw-Hill Book Company, 1951.

Georges MOUNIN, *Les Problèmes théoriques de la traduction,* Paris, Gallimard, 1963.

Thérèse NILSKI, « Conference Interpretation in Canada » (A study for the Royal Commission of Enquiry on Bilingualism and Biculturalism) [inédit]

—, « Translators and Interpreters—Siblings or a Breed apart », *Meta - Journal des Traducteurs,* XII n°2, 1967 [Les Presses de l'Université de Montréal].

F. PAEPCKE, « Wesen, Methode und Technik des Uebersetzens », *Werkheft zur Vorlesung am Dolmetscher-Institut,* Heidelberg, 1955.

Brice PARAIN, *Recherches sur la nature et les fonctions du langage,* Paris, Gallimard, 1942.

F. Pfloeschner, « Sur le rythme d'autrui », [Bulletin] *L'Interprète*, XVIII/3, 1963 [Case Post. Stand 388, Genève].

—, « La bataille de la qualité est-elle perdue ? », [Bulletin] *L'Interprète*, XVI/3, 1961.

—, « Les conférences asymétriques », [Bulletin] *L'Interprète*, XVI/2, 1961.

—, « Des combinaisons linguistiques », [Bulletin] *L'Interprète*, XVII/3 et 4, 1962.

—, « Des tests d'aptitude à l'interprétation », [Bulletin] *L'Interprète*, XX/2, 1965.

—, « Jean dit qu'il aime Hélène. Réflexions critiques sur la pédagogie de l'interprétation de conférence », [Bulletin] *L'Interprète*, XX/4, 1965.

A.T. Pilley, *The Techniques of international conference interpreting*, London, The Institute of Linguists, 1960 [3 Craven Hill, London W 2].

—, « The multilingual Parliaments of Asia », *Babel*, VIII, n° 1/1962 [Langenscheidt KG, Berlin].

—, *Careers in Languages*, Chapter on « The Interpreter », London, Institute of Linguists, 1966.

—, « Breaking the Language Barrier », *Linguist*, XXIX/9, 1967 [London].

T. Slama-Cazacu, *Langage et contexte*, La Haye, Mouton et Cie, 1961.

C. Stanislavski, *La Formation de l'acteur*, Paris, Payot, 1963.

A. Tomatis, *L'Oreille et le langage*, Paris, Editions du Seuil, 1963.

J.P. Vinay, J. Darbelnet, *Stylistique comparée du français et de l'anglais*, Paris, Didier, 1960.

E. Walther, « Semiotische Analyse », *Sprache im technischen Zeitalter,* N. 15/1965 [Stuttgart, Kohlhammer].

W. Porzig, *Das Wunder der Sprache,* Bern, A. Francke Verlag, 1957.

Simeon Potter, *Language in the Modern World,* Pelican Books, 1961.

F. Rozan, *La Prise de notes en interprétation consécutive,* Genève, Georg, 1965.

D. Seleskovitch, « Les conditions nécessaires à une bonne prestation de l'interprète aux conférences internationales », *Associations Internationales,* Revue de l'UAI, 1960/1 [1, rue aux Laines, Bruxelles].

—, « L'Interprétation de conférence », *Babel,* VIII, n° 1/1962, numéro spécial [Langenscheidt KG, Berlin].

—, « Problèmes de l'interprétation » [Conférence faite à l'Université de Genève], [Bulletin] *L'Interprète,* XX/4, 1965.

TABLE